DO SONHO ÀS COISAS

DO SONHO ÀS COISAS

retratos subversivos

José Carlos Mariátegui

tradução, organização e notas
Luiz Bernardo Pericás

Copyright desta edição © Boitempo Editorial, 2005

Tradução, organização e notas:	Luiz Bernardo Pericás
Coordenação editorial:	Ivana Jinkings
	Aluizio Leite
Assistente:	Ana Paula Castellani
Revisão:	Elaine Cristina Del Nero
Editoração eletrônica e tratamento de imagens:	Raquel Sallaberry Brião
Capa:	David Amiel
Coordenação de produção:	Juliana Brandt
Assistência de produção:	Livia Viganó

Todos os direitos reservados. Nenhuma parte deste livro pode ser utilizada ou reproduzida sem a expressa autorização da editora.

CIP-BRASIL. CATALOGAÇÃO-NA-FONTE
SINDICATO NACIONAL DOS EDITORES DE LIVROS, RJ.

M286d
Mariátegui, José Carlos, 1894-1930
Do sonho às coisas : retratos subversivos / José Carlos Mariátegui ; tradução, organização e notas Luiz Bernardo Pericás. - São Paulo : Boitempo, 2005
160p. : il. - (Marxismo e literatura)

Conteúdo parcial: José Carlos Mariátegui e o marxismo / Luiz Bernardo Pericás
ISBN 85-7559-061-8

1. Mariátegui, José Carlos, 1894-1930. 2. Socialismo. 3. Comunismo. 4. Políticos. I. Pericás, Luiz Bernardo, 1969-. II. Título. III. Série.

05-0473.   CDD 335.43
                                                                                           CDU 330.85

1ª edição: março de 2005; 1ª reimpressão: fevereiro de 2025

BOITEMPO EDITORIAL
Jinkings Editores Associados Ltda.
Rua Pereira Leite, 373
05442-000 São Paulo SP
Tel./fax: (11) 3875-7250 / 3872-6869
editor@boitempoeditorial.com.br | boitempoeditorial.com.br
blogdaboitempo.com.br | youtube.com/tvboitempo

Sumário

Introdução – José Carlos Mariátegui e o marxismo	7
BENITO MUSSOLINI	31
GABRIELE D'ANNUNZIO	37
H. G. WELLS	43
DAVID LLOYD GEORGE	47
JOHN MAYNARD KEYNES	53
THOMAS WOODROW WILSON	57
HERBERT HOOVER	61
EUGENE V. DEBS	65
JEAN JAURÈS	71
ANATOLE FRANCE	75
ANDRÉ GIDE	81
JACQUES SADOUL	85
LEON TROTSKY	91
GRIGORI ZINOVIEV	95
MÁXIMO GÓRKI	101
SUN YAT SEN	105
MAHATMA GANDHI	109
RABINDRANATH TAGORE	115
ÁLVARO OBREGÓN	119
TRISTÁN MAROF	123
JOSÉ INGENIEROS	127
OLIVERIO GIRONDO	131
Nota autobiográfica	135
Cronologia resumida de José Carlos Mariátegui	137
Obras do autor	139
Textos biográficos	141

Introdução

JOSÉ CARLOS MARIÁTEGUI E O MARXISMO

Luiz Bernardo Pericás

Na época em que José Carlos Mariátegui publicou *La escena contemporánea*, seu primeiro livro, ele já podia ser considerado um dos mais importantes intelectuais do Peru e talvez a mais influente personalidade de esquerda de seu país. Jornalista autodidata, dono de um estilo seco e preciso, Mariátegui desde jovem se destacou como excelente cronista de seu tempo, assim como um polêmico debatedor. Durante toda a vida teve de lutar contra enfermidades e críticas de adversários, que muitas vezes o acusavam de ter pouca profundidade em suas elaborações e de não possuir formação acadêmica, acusações estas que não o incomodavam e que somente o estimulavam ainda mais a continuar produzindo seus diversos artigos e livros. Desde a juventude, quando estava mais ligado aos movimentos literários e estéticos do começo do século XX do que à política, até sua maturidade, já completamente envolvido com a causa do socialismo no Peru, ele foi uma figura extremamente atuante na vida social de seu país, assim como também fundamental para a elaboração de um pensamento marxista latino-americano realmente original.

José Carlos Mariátegui nasce no dia 14 de junho de 1894, em Moquegua, filho de Maria Amalia La Chira Ballejos, uma dona de casa mestiça de origem humilde, e Javier Francisco Mariátegui y Requejo, funcionário do Tribunal Mayor de Cuentas. O pai, *criollo*, de uma tradicional família de Lima, é transferido para o norte alguns anos mais tarde, e abandona a família. O jovem Mariátegui e seus dois irmãos, Guillermina e Julio César, são criados pela mãe, que trabalha como costureira para poder sustentar os filhos.

O Peru vivia um momento conturbado. No ano do nascimento do "fundador do socialismo peruano" é declarada uma greve dos portuários de Callao.

Dois anos mais tarde, em 1896, são os trabalhadores das indústrias têxteis e dos gráficos de Lima que se levantam em protestos. O Congresso Operário, organizado por Ramón Espinoza, é realizado em 1901, na capital, enquanto na mesma época é fundada a Assembléia das Sociedades Unidas, responsável pela publicação do jornal *La Voz Obrera* e pela constituição da Biblioteca Popular "Ricardo Palma". A intensidade da atuação dos trabalhadores aumenta nos anos subseqüentes, resultando em duras batalhas durante a greve dos portuários em 1904 e, um ano mais tarde, com uma série de lutas em Lima e Callao por uma jornada diária de oito horas de trabalho. Em 1906, os trabalhadores têxteis novamente se levantam em greve, junto com os funcionários das empresas de bondes, seguidos, pouco depois, por novas manifestações dos estivadores de Callao. O movimento operário peruano naquele período funda o Centro Socialista 1º de Maio, que mudará de nome para Centro de Estudos Sociais 1º de Maio e terá o jornal *El Oprimido* como seu órgão oficial. É bom lembrar que na época do nascimento e da infância de Mariátegui a Segunda Internacional, fundada em 1889, incentiva em todos os países os protestos de 1º de maio, as jornadas de oito horas e a discussão sobre a possibilidade de os partidos de esquerda participarem de governos nacionais de outras colorações políticas. Os debates sobre as idéias revisionistas de Eduard Bernstein e a questão do colonialismo, mais tarde, também foram assuntos que certamente transcenderam os limites da Internacional na Europa e chegaram a outras regiões do planeta.

Nos Estados Unidos, por exemplo, o Partido Socialista Operário trabalha para unir partidos e sindicatos na luta pela revolução socialista. Daniel De-León, seu principal dirigente, considerado por alguns estudiosos o primeiro teórico marxista original do continente, escreve uma série de artigos sobre as peculiaridades do caso norte-americano, apontando os melhores caminhos para a mudança de sistema social no país. É a primeira tentativa de adaptação do marxismo à realidade nacional de um país do hemisfério ocidental. O Partido Socialista, uma cisão do PSO, também *inicialmente* dá apoio às causas mais radicais e começa a ganhar força na política institucional. A revolução está na ordem do dia e, em 1905, é fundada, em Chicago, a IWW (Industrial Workers of the World), organização sindical formada pelas mais importantes lideranças políticas de esquerda dos Estados Unidos, como DeLeón, Eugene

Debs e William Haywood, com o objetivo de organizar os trabalhadores mais negligenciados do país, como mexicanos, negros, asiáticos, imigrantes do sul e leste europeu, lenhadores, mineiros, estivadores e migrantes. A IWW cresce enormemente nos primeiros anos após sua constituição, incentivando a luta de classes e sendo um elemento importante nos combates do proletariado contra patrões capitalistas, polícia e governo. Seus objetivos principais são criar "um grande sindicato único" e tomar o poder por meio de uma greve geral em todas as fábricas da nação. A central será perseguida pelo governo federal e irá perder praticamente toda sua influência durante a Primeira Guerra Mundial, mas seus dirigentes, mesmo presos e expulsos do país, ajudarão na criação do Partido Comunista dos Estados Unidos alguns anos depois.

A América Latina também presencia o crescimento do movimento operário em toda a região. No começo da década de 1890, num período ainda marcado por grande influência de idéias anarquistas, é realizado em Cuba o Congresso Regional Operário, com a presença de delegados de diversas organizações de cinco províncias da ilha – com exceção do Oriente –, no qual se decide defender a implementação de uma jornada diária de oito horas e um modelo de organização para a classe operária. Também é discutido o trabalho feminino e infantil, a discriminação racial e o incentivo à reunião dos trabalhadores em seções autônomas organizadas por categorias, que depois integrariam a Federação dos Trabalhadores de Cuba. A imprensa operária cresce e se torna cada vez mais atuante, com diversas publicações, como *El Artesano* (1886), *El Obrero* (1888), *El Clarín* (1889), *La Claridad* (1890), *La Antorcha* (1890), *El Obrero Cubano* (1890), *El Acicate* (1891) e *La Batalla* (1891). Em seguida, uma série de greves mostra a movimentação popular por melhores condições de vida para o proletariado. Assim, em 1907 ocorre greve dos tabaqueiros, em 1908 dos ferroviários e em 1911 dos operários da construção. A repressão do governo da ilha, porém, é dura. O periódico *El Productor* e o Círculo de Trabajadores de La Habana já haviam sido fechados em 1891, o mesmo ocorrendo com o Congresso Regional Obrero um ano mais tarde. Já a Sociedad General de Trabajadores encerra suas atividades após 1898. Mesmo assim, em 1900, surge o Partido Popular, liderado por Diego Vicente Tejera, que irá durar alguns meses e dar lugar, em 1901, ao Partido Popular Operário, composto de militantes da FCT. Os socialistas nesse momento começam a se tornar cada vez mais atuantes em Cuba. Desde a formação do Clube de Propaganda Socialista, considerado o primeiro grupo marxista cubano – que depois mudou de nome para Agrupação Socialista Internacional –, fundado por Carlos Baliño em 1903, e a criação, um ano depois, do Partido Operário Socialista e de seu jornal *La Voz Obrera*, dirigido por Ramón Rivera, os marxistas começam a agir de forma a politizar os trabalhadores e influenciar a luta pelo socialismo no país. O partido vai se radicalizando aos poucos, incluindo em suas novas teses a conversão da propriedade individual ou corporativa em propriedade coletiva ou comum e a emancipação completa do proletariado, a partir da abolição das classes sociais.

No Brasil, mesmo com o setor industrial relativamente pouco desenvolvido, o nascente movimento operário começa a aumentar sua capacidade de organização nesse período. Após a abolição da escravatura, o influxo de imigrantes europeus é grande. Entre 1890 e 1907, mais de 151.800 pessoas trabalhavam nas indústrias – em sua maior parte nos setores têxtil e alimentício, seguidos pelas confecções, mecânica e calçadista – localizadas principalmente no Rio de Janeiro, Minas Gerais, Rio Grande do Sul e São Paulo, os estados com os parques industriais mais importantes do país. Para se ter uma idéia, de 1884 a 1893 chegam ao Brasil em torno de 883.600 imigrantes europeus; de 1893 a 1903, aproximadamente 862.100 estrangeiros; e entre 1904 e 1914, quase um milhão de novos trabalhadores entram no país, vindos de Itália, Portugal, Espanha, Alemanha e alguns países da Europa Oriental, trazendo consigo influências anarquistas e socialistas. Em 1890 é fundado o Centro da Classe Operária, que, mesmo sendo uma organização pequena e atuando basicamente na capital, ajuda o operariado a participar de várias greves, como a dos ferroviários, em junho daquele ano. Já em Porto Alegre, imigrantes alemães constituem a União do Trabalho, em 1892, enquanto sindicatos e depois organizações socialistas, em diferentes estados, começam a editar seus próprios jornais. Assim, surgem, no final do século XIX e começo do século XX, publicações como *O Tipógrafo*, *A Voz do Povo*, *O Socialista*, *A Questão Social*, *Livre Pensador* e *O Proletário*, entre outras. Em 1889 já havia sido criado o primeiro Círculo Socialista Brasileiro, em Santos, dirigido por intelectuais de esquerda proeminentes, que elaboraram o "Manifesto socialista ao povo brasileiro", defendendo a criação de um Partido Socialista no país. Esse grupo será o responsável, em 1895, por fundar o Centro Socialista, que um ano mais tarde editará o primeiro número de *O Socialista*, seu órgão oficial. O "Centro" é a primeira organização que promove uma manifestação no 1º de maio no país, assim como divulga obras de Marx e Engels e incentiva debates, leituras e conferências. Mesmo que muitos dos militantes das organizações "revolucionárias" não tivessem uma formação política sólida e misturassem conceitos e tendências diferentes, como o socialismo utópico, o anarquismo e o marxismo, *em parte* tentavam implementar as diretrizes da Segunda Internacional.

Em 1896 é fundado, no Rio de Janeiro, o Partido Socialista Operário, seguido, alguns anos mais tarde, pela estruturação do Clube Internacional, dirigido por Euclides da Cunha, que defende a proibição do trabalho infantil, o cuidado com os inválidos, a luta contra o alcoolismo, a melhoria das condições de moradia, a igualdade de direitos para as mulheres, o ensino básico obrigatório, a justiça *de facto* para toda a população, a implementação de bolsas de trabalho, os tribunais de arbitragem para disputas trabalhistas, a jornada de trabalho de oito horas, a proibição dos empréstimos do exterior, a nacionalização do crédito, a utilização das riquezas da Igreja para resolver os problemas sociais e a instituição de um exército popular de milícias. Enquanto isso, as greves são constantes. Em 1900, ocorrem greves dos estivadores, sapateiros, pedreiros e cocheiros na capital, onde, em 1903, é fundada a Federação de Associações de Classe, mais tarde reorganizada como Federação Operária da Capital, que incentivará ainda mais as manifestações dos trabalhadores. Já em 1904, no Rio de Janeiro e em São Paulo, diversas greves pela jornada de oito horas são responsáveis por combates violentos com a polícia. Nesse momento, categorias diferentes, como gráficos, construtores, portuários, tecelões, marinheiros, ferroviários, metalúrgicos e funcionários das empresas de bondes decidem deixar seus postos e combater a repressão, inclusive contra tropas do exército. Em 1906, então, é finalmente convocado o Primeiro Congresso Operário, que reúne uma grande quantidade de organizações sindicais e defende o uso de técnicas como boicote, sabotagem, manifestações, denúncias públicas e a continuidade das atividades grevistas no país.

É nesse ambiente social tenso, tanto dentro de seu país como em todo o continente, que Mariátegui passa sua infância. Em 1901, dois anos após ter se mudado para Huacho – ao lado de Sayán, cidade de sua família materna –, o pequeno e frágil José Carlos começa seus estudos. Entretanto, um ano mais tarde, numa brincadeira na escola, o menino recebe um violento golpe no joelho da perna esquerda que o deixará coxo pelo resto de seus dias. Levado a Lima para tratamento, é internado na clínica Maison de Santé, dirigida por freiras francesas da congregação de São José de Cluny. O tratamento dura quatro meses e o obriga a largar provisoriamente os estudos. Nesse difícil período de convalescença, após várias cirurgias, numa solidão precoce, tendo que ficar horas sozinho em quartos de hospital, ele adquire o gosto pela leitura e torna--se um arguto observador de tudo que se passa a sua volta. Começa a aprender francês e recebe forte influência religiosa, tanto dos padres como principalmente de sua avó e tios maternos, que lhe contam histórias repletas de misticismo. Por conta própria, começa a ler tudo que chega às suas mãos, hábito que cultivará a vida inteira. Ficará imobilizado em tratamento, em casa, por mais dois anos.

A partir de 1909 começa a trabalhar como entregador, linotipista e corretor de provas do jornal *La Prensa*, dirigido por Alberto Uloa Cisneros. É um trabalho ingrato: mesmo mancando, sua função, entre outras, é levar encomendas e entregar provas dos textos aos seus autores a pé, pelas ruas da capital. Mas, no *La Prensa*, fica fascinado com o ambiente jornalístico e trava amizade com Félix del Valle, César Falcón, Abraham Valdelomar e com vários outros jornalistas locais. Apenas dois anos após ingressar no periódico, envia um artigo anonimamente para o editor, utilizando o pseudônimo de Juan Croniquer. Para sua surpresa, o texto é aceito e ele passa, a partir daí, a colaborar regularmente para aquela publicação. Desse momento em diante, ingressa na redação, ajudando também a classificar diferentes telegramas enviados das outras províncias do país. Será considerado por seus colegas, contudo, apenas um comentarista da vida cotidiana do Peru e autor de artigos leves e irônicos.

De 1912 a 1916 seu trabalho é essencialmente jornalístico, colaborando com diferentes revistas peruanas, como *Mundo Limeño* e *Lulú*. Juntamente com seus amigos Félix del Valle, César Falcón e Abraham Valdelomar, após longas discussões no café Palais Concert, funda a revista modernista *Colónida*, que só chega a ter quatro números e na qual publica alguns poemas. Dentre os editores, quem talvez marque mais o estilo da publicação é Valdelomar, muito influenciado na época por D'Annunzio e pelo futurismo italiano. O poeta peruano certamente é naquele período uma inspiração para Mariátegui.

Em 1916 torna-se redator-chefe e cronista político do jornal *El Tiempo,* publicação considerada pelos críticos como "liberal", "maximalista" e "bolchevique", assim como assume o cargo de co-diretor da revista *El Turf.* Nesse mesmo ano também escreve a peça *La mariscala,* "poema dramático en seis jornadas y un verso", em parceria com Valdelomar.

Nessa época, os artigos de Mariátegui, de forma geral, discutem basicamente aspectos da vida social da capital peruana, desde corrida de cavalos no jóquei-clube e notícias policiais até comentários sobre arte e textos para o público feminino. A peça teatral *Las tapadas,* escrita com Julio Baudoin, "poema colonial" em um ato e quatro quadros, que é representado no Teatro Colón e recebe críticas desfavoráveis da imprensa, também marca o período de descobrimento estético e literário do jovem jornalista.

Em 1916, Mariátegui dedica muitas horas semanais rezando e meditando no Convento dos Descalços, o que *possivelmente* pode ter influenciado seus textos posteriores, já que, em 1917, ano da revolução de Outubro, ganha um concurso literário promovido pela municipalidade de Lima com sua crônica "La procesión tradicional", sobre o Senhor dos milagres. O jovem jornalista tem momentos solitários e melancólicos, em alguma medida explicitados num livro de poemas, inédito, intitulado *Tristeza,* escrito por ele pouco tempo antes. Em outras situações, contudo, pode ser identificado com o entusiasmo e as atitudes dos boêmios da época. Com os seus amigos César Falcón e Carlos Guzmán, funda *La Noche,* uma publicação humorística de curta duração. Aquele ano também é marcado pelo "escândalo" da bailarina suíça Norka Rouskaya, episódio pitoresco que demonstra uma certa dose de excentricidade do periodista peruano – a dançarina clássica, seminua, ofereceu um "espetáculo" para um grupo de amigos, no qual se encontrava Mariátegui, no cemitério de Lima, ao som de Chopin e Saint-Saens. Ato considerado pelos conservadores da capital como um "sacrilégio", levou todos os envolvidos a serem presos pela polícia.

O período de "juventude" de Mariátegui, designado por ele próprio de "a idade da pedra", termina em 1918, quando renuncia solenemente ao pseudônimo de Juan Croniquer e funda, com César Falcón – já bastante influenciado por Tolstói, Jaurès e Kropotkin –, Félix del Valle, Humberto del Águila,

Valdelomar e César Vallejo, a revista *Nuestra Época*, na qual será anunciada "oficialmente" por seus editores a mudança de estilo e atitude do jovem jornalista e sua nova posição socialista. O editorial da revista afirmava que José Carlos pedia perdão a Deus e ao público pelos pecados que havia cometido com os seus textos dos anos anteriores, o que pode demonstrar mais uma vez a forte influência do elemento religioso na obra do "pai do marxismo peruano". Essa publicação, inspirada na revista *España*, editada por José Ortega y Gasset e depois por Luis Araquistáin, não tem um programa definido, serve basicamente para divulgar as idéias de seus colaboradores e só chega ao número dois. De acordo com o editorial da primeira edição, o "programa" da publicação seria "dizer a verdade", insistindo que não se faria literatura da política nem política da literatura. Um artigo antiarmamentista polêmico de Mariátegui, que sai no primeiro número, provoca a ira de alguns setores dentro do exército. O fato toma proporções graves quando ele é agredido fisicamente ao caminhar na rua e, em seguida, quando um grupo de soldados invade a redação do jornal *El Tiempo* – onde também se editava o *Nuestra Época* – e violentamente espanca o jovem autor. Protestos de vários órgãos de imprensa se seguem, obrigando o ministro da Guerra a renunciar. Por causa desse incidente, o jornalista autodidata e o líder dos militares insatisfeitos, o tenente José Vásquez Benavides, decidem duelar. Os amigos escolhidos para representar os dois contendores no embate, seus "padrinhos", porém, conseguem reverter a complicada situação e, após algumas discussões, chegam a um termo de conciliação.

Mariátegui também é um dos elementos importantes na criação, logo em seguida, do Comitê de Propaganda e Organização Socialista, que depois se tornou o primeiro Partido Socialista do Peru. Mas o comitê tem em seus quadros um grupo heterogêneo de militantes – desde anarcossindicalistas e "agitadores" operários até um decorador italiano e jornalistas da capital –, e o periodista dele se afasta pouco tempo depois. Em realidade, durante boa parte de sua juventude Mariátegui está longe de ter uma idéia exata do que realmente quer como jornalista ou militante político. Influenciado pelo catolicismo fervoroso de sua família e por movimentos literários da época, é basicamente um esteta, um jovem mais preocupado com a fé religiosa, a mística, a literatura e a poesia do que *necessariamente* com a política, apesar de já sofrer uma nítida influência de González Prada e Georges Sorel.

Mesmo que já viesse ocorrendo lentamente um processo de politização e amadurecimento teórico, com um envolvimento gradual dentro do meio operário e com parte da intelectualidade radical local, e que grande parte de sua produção jornalística fosse sobre política, podemos dizer que a *grande* mudança na vida de Mariátegui ocorre em 1919, quando recebe uma "bolsa" do governo para viver na Europa durante alguns anos. Esse fato tem repercussões importantes no pensamento do jornalista, já que é no Velho Continente que aprofunda suas concepções e completa sua formação política.

Ainda que a maior parte de seus textos anteriores fosse sobre temas diversos, a partir da criação de *Nuestra Época* seu nome começa a ser identificado como o de um agitador. Mariátegui modifica aos poucos sua postura política e tenta mostrar que é sincero em suas novas convicções, explicitando sua atitude com a publicação de alguns artigos atacando instituições governamentais. Por motivos ideológicos, José Carlos abandona *El Tiempo*, publicação com a qual ainda colaborava, e, em 14 de maio de 1919, ajuda a fundar o *La Razón*. Esse jornal pretendia ser a "voz do povo" peruano, o primeiro periódico independente de esquerda do país, editado na gráfica alugada do arcebispado de Lima – dono do jornal católico *La Tradición* – e com a participação de operários em sua redação.

Nesse momento quem está no poder é José Pardo, que já fora presidente entre 1904 e 1908, e que retornara como máximo mandatário em 1915, sem gozar de prestígio entre as classes populares. O Peru vive uma grave crise econômica. Essa é uma época em que os investimentos norte-americanos aumentam substancialmente, ultrapassando o capital investido pelos ingleses no país. Enquanto a economia peruana se modifica e se "moderniza", também começa a ser controlada por diversas empresas dos Estados Unidos que se instalam na região. De 1915 a 1920, a entrada de capital estrangeiro, que era de US$ 28 milhões, passa a US$ 79 milhões, enquanto a saída de dólares passa de US$ 29 milhões para US$ 69 milhões. O fato é que de 1913 a 1917 as transações com a Inglaterra diminuem de 32% a 17%, ao mesmo tempo em que as relações comerciais com os Estados Unidos aumentam de 31% a 61%. Em 1914, por exemplo, os ingleses haviam investido no Peru em torno de US$ 166 milhões. Já as inversões norte-americanas chegaram a apenas US$ 80 milhões. Em 1916, contudo, a International Petroleum Co., subsidiária da

Standard Oil, compra a London Pacific Petroleum Co., e, em 1917, com a declaração de guerra do governo peruano contra a Alemanha, são confiscadas propriedades e navios alemães nos portos do Peru, que os arrendou a grandes empresas do "Colosso do Norte". No setor mineiro, o governo cria a Cerro de Pasco Corporation, que constrói uma rede ferroviária independente que compete com a Peruvian Railway Company Limited, inglesa, aumentando muito a exploração de minérios em grande escala no país. O setor produtivo se torna mais especializado e voltado para a exportação. Vários produtos têm sua produção incrementada, como os metais estratégicos, o petróleo, o algodão e o açúcar. Contudo, diminui a produção de artigos como o arroz e o trigo, fato que resulta em escassez desses itens no mercado interno e em subseqüente aumento de preços. O movimento operário decide ir às ruas para protestar contra essa situação, assim como para pressionar o governo a impor a jornada diária de oito horas de trabalho. É criado o Comitê Pró-Barateamento das Subsistências, que começa a mobilizar o proletariado contra os abusos do governo e culmina com uma greve de oito dias, em maio de 1919, o que acarretará a promulgação de uma lei marcial, a criação da Guarda Urbana e a prisão de vários dirigentes operários.

Augusto Leguía, que havia governado o Peru de maneira personalista entre 1908 e 1912, e que retornara da Europa em janeiro daquele ano para ser candidato do Partido Nacional Democrático Reformista à presidência, é apoiado naquele momento por alguns setores supostamente progressistas do Peru, como o Partido Socialista, o jornal *El Tiempo* e a Federação de Estudantes, assim como integrantes da pequena burguesia e do exército. Leguía ganha as eleições de 19 de maio, mas, temendo que os civilistas – que apoiavam o antigo presidente e eram maioria no Parlamento – impedissem sua posse, dá um golpe de Estado preventivo em 4 de julho, com o apoio de militares amigos, fecha o Parlamento, deporta José Pardo e alguns correligionários e começa a governar o Peru de forma autoritária. A partir daí, os editores do *La Razón*, como se pode imaginar, começam a atacar veementemente o novo governo, o que será um dos motivos para que sejam perseguidos pelo presidente, presos ou mandados para o exílio. O fato é que, logo após a posse de Leguía, o Comitê Pró-Barateamento das Subsistências decreta uma greve geral em Lima e Callao, que ocorre em 8 de julho com uma grande manifestação no Parque Neptuno e conta com a presença de Adalberto Fonkén, Carlos Barba e Nicolás Gutarra, os principais líderes do movimento operário na época, que haviam acabado de ser libertados da prisão. Por causa do apoio irrestrito do *La Razón* aos grevistas, em torno de três mil manifestantes vão para a frente da redação do jornal demonstrar sua gratidão a seus editores.

Logo após a tomada do poder por Leguía, também ocorre uma intensa campanha pela reforma da Universidade de San Marcos, com uma greve que dura quatro meses. Essa greve é conseqüência das lutas pela reforma universitária que vinham ocorrendo em outros países da região, inspiradas pelo movimento que havia se originado na Argentina, em 1918, explicitado no *Manifesto de Córdoba*, que proclamava o direito à insurreição e um programa de emancipação "espiritual" da juventude de todo o continente. Mesmo sendo antiacadêmico, Mariátegui também dá seu apoio ao movimento, já que considera a Universidade de San Marcos uma instituição antiquada, que necessita de maior democratização do ambiente acadêmico, da abertura de seu espaço a todos aqueles interessados em aprender, da renovação ampla das formas do ensino, da participação estudantil na gestão das faculdades e de autonomia em relação ao governo.

Como se pode perceber, o *La Razón* apóia os trabalhadores, estudantes e todos aqueles que se opõem ao novo regime, o que certamente desagrada os mandatários peruanos. Quaisquer sinais de oposição são interpretados pelo governo como desrespeito à autoridade instituída. Assim, no dia 8 de agosto de 1919, após o arcebispado de Lima já ter comunicado que não iria mais permitir que editores do jornal socialista utilizassem sua gráfica – por "incompatibilidade política" –, o governo proíbe oficialmente a publicação do *La Razón*, que é obrigado a encerrar suas atividades. Até mesmo periódicos como *La Prensa* e *El Comercio*, considerados "respeitáveis", são fechados. Leguía não admite que ninguém conteste sua legitimidade no poder. Nesse momento, Mariátegui recebe o convite para ir à Europa, para "servir" o governo peruano como agente de imprensa, o que seria, na prática, uma forma de exílio disfarçada. Leguía, viúvo de Julia Swayne y Mariátegui (prima-irmã do pai de Mariátegui), poderia ter ordenado a prisão do jovem periodista, mas, influenciado por Enrique Piedra e Fócion Mariátegui (tio de José Carlos), decide mandar o futuro teórico socialista para bem longe, achando que assim estaria resolvendo parte de seus problemas. Já Mariátegui acreditava que seria importante permanecer alguns anos no Velho Continente para consolidar sua formação intelectual. O jornalista, com poucas opções dentro do país, aceita a proposta. Isso provoca a crítica de uma boa parcela da esquerda peruana na época.

Mesmo atacado e acusado de ter se "vendido" ao ditador, ele vai à Europa, sem criar vínculos ideológicos nem manter nenhum compromisso mais profundo com o governo. Assim, José Carlos e o amigo César Falcón, ambos enviados ao exterior num exílio dissimulado, partem de Callao no dia 8 de outubro de 1919, fazem uma escala rápida em Nova Iorque – onde presenciam uma greve de estivadores – e chegam à França em 10 de novembro daquele mesmo ano. Mariátegui segue para Paris, onde fica no Bairro Latino por quarenta dias, convivendo com artistas e intelectuais de várias partes do mundo. Lá toma pela primeira vez contato com a cultura européia, indo a museus, teatros, concertos e sessões da Câmara dos Deputados. Também se encontra com o escritor francês Henri Barbusse e se emociona com a conversa. Da primeira experiência francesa, assim como da sua segunda visita ao país, alguns anos mais tarde, José Carlos irá receber a influência direta ou indireta do grupo *Clarté*, de Romain Rolland, de Barbusse, de Bergson e principalmente de Sorel, todos autores que já conhecia e admirava.

Da França parte para a Itália, indo primeiro a Gênova, em dezembro de 1919, e seguindo logo depois para Roma, cidade onde mora a maior parte de seus dois anos e meio no país. A experiência na Itália é fundamental para o jovem autor. Entre junho e julho de 1920, vai a Florença para um curso de verão e conhece Anna Chiappe, uma garota de dezessete anos, proveniente de Siena. Após um breve romance, se casa com ela no começo de 1921 e passa sua lua-de-mel em Frascati. Em dezembro daquele mesmo ano, nasce Sandro, o primeiro de quatro filhos com sua esposa italiana.

A permanência de Mariátegui na Itália também foi importante politicamente. Entre 15 e 21 de janeiro de 1921, juntamente com seu amigo Falcón, assiste ao XVII Congresso Nacional do Partido Socialista Italiano, em Livorno, como correspondente do *El Tiempo*. Também faz viagens para Milão, Turim e Pisa. Na Conferência Econômica Internacional em Gênova, de 10 de abril a 19 de maio de 1922, se encontra novamente com Falcón, com Palmiro Machiavello – o cônsul do Peru naquela cidade – e com o médico Carlos Roe.

Com eles, cria um núcleo socialista – seria a "primeira célula comunista peruana" –, que não consegue se estruturar e não dura muito tempo. Na Itália, Mariátegui presencia a ascensão do fascismo, e as demonstrações dos *fasci di combattimento* de Mussolini, assim como conhece pessoalmente personalidades importantes, como o próprio Benedetto Croce. Durante sua permanência naquele país, escreve artigos e tenta cuidar da família com os parcos recursos que recebe. Por causa da crise econômica peruana, sua "bolsa", proveniente de parte do orçamento do corpo diplomático peruano na Itália, enviado pelo Ministério das Relações Exteriores, é cortada abruptamente. Depois de algumas tentativas e certa insistência, começa a receber novamente seu soldo mensal.

É na Itália também que fica sabendo com mais detalhes o que está acontecendo no resto do mundo. A imprensa italiana em geral é mais rica em informações e análises que a peruana na época, e através de várias publicações, como *L'Ordine Nuovo*, *Avanti*, *Il Soviet*, *Critica Sociale*, *Umanità Nuova* e *La Rivoluzione Liberale*, Mariátegui pode acompanhar o desenvolvimento da revolução russa, as lutas operárias na Alemanha, a luta pela independência na Irlanda e outros eventos importantes do momento. Na Itália, conversa com intelectuais e lê uma série de obras literárias clássicas. É questionável que alguma vez tenha ocorrido um encontro entre Gramsci e Mariátegui, como afirmam alguns autores. É possível que tenham se cruzado no congresso de Livorno, o que não caracterizaria necessariamente um "encontro". De qualquer maneira, não houve uma influência *direta* do teórico italiano no jovem jornalista peruano, ou vice-versa, mesmo que se possa traçar um paralelo entre a vida e a obra desses dois autores. José Carlos será bastante influenciado, de forma geral, pelas posições políticas do grupo do *L'Ordine Nuovo* e em particular pelas idéias de Croce, Giovanni Gentile, Piero Gobetti, Achille Loria e Antonio Labriola.

Entre junho e julho de 1922, Mariátegui, sua esposa e seu filho vão a Paris – onde o jornalista encontra novamente Barbusse para uma entrevista – e em agosto a família chega à Alemanha, indo primeiro a Munique e depois a Berlim. Com o dinheiro que havia economizado, por viver de forma austera na Itália, consegue ficar seis meses no país. Estuda alemão com um professor particular, encontra amigos e intelectuais peruanos que vão visitá-lo em seu apartamento, lê intensamente revistas e jornais, cria qualquer pretexto nas ruas para falar com as pessoas e praticar a língua, vai a museus e assiste a peças de teatro. Mariátegui acreditava que a Alemanha provavelmente seria o segundo país onde ocorreria uma revolução socialista. Naquela ocasião, também visita as cidades de Hamburgo e Essen.

No mês em que chega à Alemanha decide fazer uma viagem de barco com o amigo Falcón pelo rio Danúbio, saindo de Passau e percorrendo rapidamente cidades como Viena, Praga e Budapeste. Ainda se encontra de novo com Falcón em Colônia, no começo de 1923, para discutir as possibilidades de se preparar uma organização socialista peruana e, em 1923, Mariátegui retorna ao Peru com a mulher e o filho a bordo do navio Negada, saindo do porto de Amberes em fevereiro e chegando a Callao no dia 18 de março daquele mesmo ano. Nesse momento começaria uma nova etapa na vida do jornalista, que já se tornara famoso em seu país.

O fato é que Mariátegui ainda é criticado por alguns elementos oposicionistas dentro do Peru, que insistem em acusá-lo pela viagem e permanência na Europa, o que faz com que ele temporariamente se afaste das atividades públicas, ainda que recebesse antigos amigos em sua casa. Chega a organizar uma exposição de pintores italianos, sem sucesso. O nascimento de seu segundo filho, logo após seu retorno ao Peru, também será um fato importante nesse período. Em seguida, recebe um convite de Víctor Haya de la Torre, a quem conhecera em 1918, para colaborar com uma jornada de protestos contra a dedicação do Peru ao Sagrado Coração de Jesus pelo arcebispo de Lima e pelo presidente Leguía. Somente no final de maio – quando as lutas se intensificam e dois manifestantes, um operário e um estudante, são assassinados pela polícia – é que Mariátegui decide participar. Isso faz com que Haya o leve para dar palestras nas Universidades Populares González Prada, aproximando o jornalista dos estudantes e de seu grupo político. Essa atitude estava em sintonia com o que acontecia na época em outras partes da América Latina. É bom lembrar que em Cuba havia sido fundada por Julio Antonio Mella, entre outros, a Universidade Popular José Martí e no Chile, a Universidade Popular Lastarria, ambas incentivando a luta antiimperialista e a reforma universitária. Os elementos mais progressistas do continente, os líderes estudantis e, alguns casos, os futuros fundadores dos respectivos partidos comunistas estavam extremamente envolvidos nessa empreitada, que surgia como uma nova alternativa de luta política dentro do painel classista tradicional desses países. É compreensível, portanto, que Mariátegui também participasse dessa experiência.

Em outubro, Haya é preso e, logo em seguida, em janeiro de 1924, numa reunião entre intelectuais e alunos universitários, Mariátegui também é detido pelas autoridades. Com o exílio de Haya de la Torre, Mariátegui se torna o principal intelectual de esquerda peruano, trabalhando em estreita colaboração com vários futuros dirigentes da APRA (Alianza Popular Revolucionaria Americana), com estudantes e com líderes do movimento operário, participando de conferências e continuando a escrever para várias publicações da capital. É um colaborador constante de várias revistas, desde a *Variedades* – que, apesar de ser governista, não censura seus textos – até a *Claridad*, fundada por Haya de la Torre (é bom lembrar que havia outras revistas com o mesmo nome na Argentina e no Chile nessa época) e que era considerada o "órgão da juventude livre do Peru". Mariátegui assume a função de diretor interino da *Claridad* após a partida de Haya de la Torre.

José Carlos continua se dedicando intensamente a construir o socialismo em seu país. Sua preocupação principal nessa instância é estudar profundamente a realidade peruana a partir do método marxista. Os trabalhos, porém, são extremamente fatigantes para o frágil jornalista. Em maio de 1924 ele desmaia e é levado às pressas para o hospital, onde é internado. Sua saúde se deteriora. Chega a ficar com 42 graus de febre. O médico que trata da enfermidade, o doutor Gastañeda, descobre um tumor na perna direita e insiste que a única maneira de salvar José Carlos é fazer uma amputação. A mãe do jornalista se opõe por motivos religiosos, mas a esposa Anna dá sua permissão. Quando fica sabendo que sua perna havia sido amputada e que se tornaria um inválido definitivamente, Mariátegui entra em extremo desespero, mas é consolado pela mulher. Ao sair da clínica, encontra-se numa situação econômica complicada, já que ganhava pouco pelos artigos e tinha de pagar as muitas despesas do hospital. Os amigos organizam uma campanha na capital para ajudar a arrecadar fundos para o jornalista, com sucesso. Alguns meses mais tarde, ele já escrevia novamente para a imprensa peruana, enquanto sua casa voltava a ser local de reuniões de trabalhadores e intelectuais progressistas.

Em 1925, Mariátegui, junto com seu irmão Julio César, funda a editora Minerva. Nesse mesmo ano, publica *La escena contemporánea*, seu primeiro livro, considerado uma obra "européia" – coleção de artigos sobre arte e política, editados originalmente em *Variedades* e *Mundial*, sobre personalidades e acontecimentos em sua maioria do Velho Continente daquele período. Outros escritores peruanos importantes, como Mariano Iberico Rodríguez, Luis Valcárcel, José María Eguren e Panait Istrati, também terão suas obras publicadas pela Minerva.

Durante muito tempo, Mariátegui quis fundar uma revista influente, que pudesse divulgar as artes e as idéias socialistas. Por sugestão do pintor peruano José Sabogal, que se comprometeu a preparar a capa da publicação, o nome escolhido foi *Amauta*, palavra quéchua que significa sacerdote, sábio, de acordo com antigas tradições populares do país. Assim, em setembro de 1926 é publicado o primeiro número da *Amauta*, com uma tiragem de 3.000 exemplares, na qual colaboram os mais importantes intelectuais de vanguarda do Peru da época, assim como opositores deportados do regime Leguía. Alguns anos mais tarde, o próprio Mariátegui começará a ser chamado também de "Amauta" pelos intelectuais progressistas e socialistas de todo o continente.

De acordo com o editorial, que fazia a apresentação do primeiro número, a revista não representaria um grupo, mas, sim, um movimento, um espírito, composto de autores ideológica, estética e psicologicamente diferentes, mas com o objetivo comum de construir um Peru novo dentro de um mundo novo. A *Amauta*, porém, não seria uma "tribuna livre". Para seus editores, teria um caráter beligerante, polêmico, que não faria concessões nem teria tolerância a idéias contrárias; toda retórica seria retirada da revista para que tivesse apenas conteúdo, "espírito". Ou seja, a publicação não teria programa, somente um destino, um objeto, que seria o de esclarecer e conhecer os problemas peruanos de pontos de vista doutrinários e científicos. Portanto, o Peru seria visto a partir de uma perspectiva mundial. E então o grande objetivo da revista, que seria aproximar os "homens novos" do Peru aos outros povos da América e do resto do planeta.

Em junho de 1927, bastante preocupado com a repercussão da revista, o governo Leguía utiliza o argumento de uma conspiração comunista – principalmente baseado em documentos confiscados da APRA, entre eles a correspondência entre Haya e Mariátegui apreendida pela polícia – para prender seus editores. Nessa ocasião, José Carlos fica seis dias detido no hospital militar de San Bartolomé, enquanto sua residência é invadida pela polícia, que remexe sua biblioteca e leva vários de seus livros.

Após a prisão, Mariátegui é mandado para casa, onde começa a trabalhar novamente, escrevendo para vários jornais em protesto contra os abusos e arbitrariedades do regime, sendo ainda vigiado pelas autoridades. Durante todo aquele período, mostra-se um duro crítico do governo. Assim, em novembro de 1928, lança *Labor*, "quinzenário de informação e idéias", que se torna o mais importante periódico socialista da época, com uma tiragem de 5.000 exemplares. Menos de um ano mais tarde, *Labor* seria fechado pelo governo.

Em 1928 também publica seus *Siete ensayos de interpretación de la realidad peruana*, uma das obras mais criativas e originais sobre a formação étnica e social do Peru até então. Compilação de artigos publicados anteriormente no *Mundial* e na *Amauta*, o livro cria uma enorme polêmica. Muitos críticos, principalmente apristas, na ocasião, acusam-no de ser apenas um "jornalista", ainda com traços "europeizantes", sem profundidade nem conhecimentos acadêmicos. Mas os anos mostraram que aquele era um trabalho de grande importância e fundamental para a compreensão da formação social peruana. Na atualidade, esse talvez seja o livro peruano com mais edições no exterior, com traduções em diversas línguas, assim como *provavelmente* a obra teórica marxista mais importante produzida no continente.

No começo de 1928, um grupo de apristas no México propõe que a APRA se torne um partido político nacionalista no Peru, a partir da estrutura que a organização já possuía. Quando recebe a notícia, Mariátegui fica indignado. Escreve uma carta para Haya de la Torre e para a célula mexicana da APRA que havia feito a sugestão, afirmando que aquilo era uma atitude eleitoreira detestável, ao estilo do velho regime, e que isso transformava um movimento antiimperialista numa mentira. Para ele, Haya fazia parte de uma "boêmia revolucionária" e havia se tornado de direita. É bom recordar que Haya havia sido um dos principais fundadores das Universidades Populares González Prada, um centro importante de discussão e difusão de idéias antiimperialistas no Peru. Quando vai para o exílio no México, ele funda a APRA, que seria um "partido internacional", tendo como pontos principais o antiimperialismo, a unidade da América Latina, a estatização das riquezas minerais e das propriedades agrárias, a internacionalização do Canal do Panamá e a solidariedade com os povos oprimidos. O líder estudantil argumentava que a APRA seria uma "adaptação" do marxismo às condições locais, ou seja, que o aprismo seria a forma de marxismo a ser aplicada na América Latina. Para ele, esse "marxismo latino-americano" não poderia ficar preso somente às categorias européias, deveria ser elaborado a partir de uma perspectiva do Novo Mundo, ter liberdade metodológica e ter a capacidade de estar constantemente se modificando e se renovando. Por isso, Haya recorre tanto à obra de Marx quanto ao "relativismo" de Einstein, por exemplo, para desenvolver sua concepção – ele discute a inter-relação do "espaço histórico" com o "tempo histórico", que teriam características próprias e seriam diferentes dependendo de cada região do planeta. Para o caso peruano, haveria um "espaço-tempo histórico" indo-americano próprio, diferente do europeu. Assim, a concepção marxista da história não teria validade *absoluta*. As diretrizes marxistas, portanto, teriam de se moldar ao novo ambiente social e histórico da América Latina e ser reelaboradas a partir de novas perspectivas. Para Haya, por exemplo, enquanto o imperialismo poderia ser visto como a fase superior do capitalismo na Europa, na América Latina seria apenas a fase inicial. Ele também achava que a divisão dos períodos históricos, como a Idade Média ou Contemporânea, seria arbitrária e construída a partir de referenciais europeus. Ou seja, essas construções não seriam universais. A APRA, portanto, seria uma organização política e também uma "filosofia", uma tentativa de adaptação do marxismo à América Latina, assim como uma suposta "superação" do marxismo, com a intenção clara de se contrapor a determinadas idéias defendidas por alguns socialistas na época.

Talvez um dos primeiros militantes latino-americanos a contestar Haya tenha sido Julio Antonio Mella, um dos fundadores do Partido Comunista Cubano, que defendia uma linha mais ortodoxa e em diversos artigos atacou veementemente o dirigente peruano. De alguma forma, a APRA podia ser vista como uma ameaça, uma nova alternativa aos jovens PCs da região. Para Mella, os apristas defendiam o antiimperialismo como uma luta pela independência nacional, quando na realidade a ordem do dia seria a revolução socialista. O imperialismo para ele teria uma dinâmica internacional, e, portanto, independentemente de "espaço e tempo históricos", todos os países estariam dentro do mesmo processo determinante. Em todos os países haveria proletariado, as formas de exploração seriam parecidas e as "leis" do marxismo seriam universais. Para Mella, a APRA seria uma justificativa de aliança com os reformistas e com as burguesias nacionais do continente. Somente os operários estariam aptos a fazer a revolução socialista na América Latina. Isso significa que nem os camponeses estariam incluídos como agentes principais da luta. Para ele, não se poderia discutir a questão de raças nem mais especificamente a questão do índio. Enquanto Haya acreditava na necessidade incontestável da resolução do problema indígena e considerava tanto a emancipação quanto a própria afirmação da identidade dos índios como precondições fundamentais para a revolução social, Mella insistia em que dentro do sistema capitalista já não haveria mais espaço para a questão étnica nem para outros protagonistas revolucionários. O imperialismo teria transformado a discussão sobre a raça em questão econômica. Ou seja, os índios, a partir dessa interpretação, deveriam ser vistos apenas como trabalhadores. E a resolução para esse problema econômico seria somente a revolução feita pelo proletariado. Já para Haya, deveria haver uma aliança interclassista, uma frente única, com classe média, intelectuais, estudantes, camponeses, trabalhadores industriais e outros setores interagindo para impulsionar a luta contra o imperialismo e para as mudanças estruturais dentro de um determinado país. Por isso, Mella insiste em que a APRA seria indo-americanista, populista e nacionalista.

Nesse contexto, Mariátegui também se mostra um crítico da APRA e de suas concepções. O "Amauta" certamente defende as tradições indo-americanas, mas não considera que estas possam superar o marxismo. Em outras palavras, o marxismo seria um "método", que deveria ser utilizado de forma criativa e original pelos teóricos do continente para adaptá-lo à realidade local. Não haveria o intuito de superação *per se* da doutrina, mas, sim, sua continuação, evolução e desenvolvimento. Ou seja, saber usá-la com sua "flexibilidade dialética" em quaisquer circunstâncias. Justamente por isso, ele poderá analisar as questões específicas da região, respeitando suas peculiaridades, e, ao mesmo tempo, também terá a capacidade de observar essas mesmas questões dentro de um painel mais amplo das relações políticas e econômicas internacionais e do próprio processo histórico do capitalismo. Os intelectuais da APRA tentam acusá-lo de "europeizante", não só por sua estada no Velho Continente como também por utilizar prioritariamente o método marxista – para eles europeu – em contraposição ao aprismo, supostamente defensor das tradições e formas de pensar indígenas locais. Mariátegui certamente usa um instrumental "europeu" para criar um "nacionalismo peruano" pleno – para ele fundamental – e levar adiante uma "tarefa americana". Ou seja, ele "mariateguiza" Marx, torna as idéias marxistas mais flexíveis, adaptando a doutrina a seu país. De acordo com o "Amauta", não haveria salvação para a Indo-América sem a ciência e o pensamento europeus. Ao mesmo tempo, porém, ele usa um arcabouço teórico ocidental para elaborar um socialismo com características próprias de sua região. A diferença entre os dois pensadores parece sutil, mas é profunda. Para Haya, a descentralização do marxismo teria sido provocada de "fora", saindo de um centro, a Europa, e sendo reinterpretada em outro, a América Latina, enquanto, de acordo com Mariátegui, a "descentralização" do marxismo não partiria de um centro ao outro, *mas de dentro do próprio marxismo*, que deveria ter em si mesmo essa flexibilidade teórica para se adaptar às diferentes realidades e ter a possibilidade de se expressar de diversas maneiras distintas. Ou seja, a superação não é do método marxista, que seria correto, mas apenas da perspectiva européia. Um marxismo "nacional", portanto, estaria de acordo com a doutrina marxista, mesmo que adaptado a uma outra realidade.

De qualquer forma, por discordar dos rumos da APRA, que abriam caminho para o populismo, no dia 7 de outubro de 1928 Mariátegui ajuda a fundar o Partido Socialista do Peru, que, de acordo com alguns dirigentes da Terceira Internacional, seria uma mistura de aprismo com comunismo. Na ocasião, é eleito secretário-geral da organização. É importante lembrar que Mariátegui não funda um partido "comunista", mas, sim, explicitamente, um agrupamento com a designação de "socialista". O "Amauta" é grande admirador de Lenin e da revolução russa, mas nem por isso aceita manter-se dentro das normas rígidas impostas pelo Comintern. A decisão do periodista peruano, portanto, foi pensada e teve como objetivo dar maior mobilidade e flexibilidade à sua organização e trabalhar para a construção de um socialismo com características próprias e contra, como ele mesmo dizia, os pedantes professores tedescos da mais-valia, assim como contra a burocracia dos partidos e sindicatos repletos de mesurados ideólogos e prudentes funcionários impregnados de ideologia burguesa. Em outras palavras, se Mariátegui se define como marxista e "comunista", não é por aderir aos preceitos do Comintern, mas sim por sua trajetória intelectual e suas experiências políticas muito particulares.

A fundação do Partido Socialista tem como objetivo possibilitar a organização de uma "moral dos produtores", aumentando a base diretiva das classes populares em outros setores, na grande tarefa de construir um socialismo indo-americano com características próprias. Sua intenção é criar um novo Estado nacional que tenha a ampla participação não só do proletariado como também do campesinato indígena, o que era uma posição muito diferente daquela defendida por boa parte dos marxistas da época. O indigenismo, portanto, seria revolucionário.

No início de 1929 ele também ajuda a organizar a Confederação Geral dos Trabalhadores do Peru, que tem seu comitê provisório escolhido em 17 de maio daquele ano. O Partido Socialista, naquela ocasião, recebe convites e envia cinco membros da nova CGTP para o Congresso Sindical Latino-Americano, que seria realizado naquele mês em Montevidéu. A Primeira Conferência Comunista Latino-Americana, em Buenos Aires, que ocorre em junho, conta ainda com a presença de dois militantes da central. Mesmo assim, o Birô Sul-Americano da Terceira Internacional tem uma opinião desfavorável sobre o partido que acaba de ser criado por Mariátegui, já que este deveria obrigatoriamente estar submetido ao mando *irrestrito* do Comintern. É nesse momento que a saúde do "Amauta" piora novamente. Em março de 1930, ele é levado mais uma vez ao hospital, onde fica por três semanas. Uma junta médica, encabeçada pelo Dr. Fortunato Quesada e composta pelos médicos Constantino Carvallo, Guillermo Gastañeta, Eduardo Goicochea, Hugo Pesce e Carlos Roe, tenta salvar o teórico socialista. Mesmo com duas operações de emergência e uma breve melhora, a infecção estafilocócica volta a se espalhar, fazendo com que sua saúde piore. Ainda tem tempo de renunciar oficialmente como secretário-geral do partido, indicando Eudocio Ravines para o cargo, mas não resiste à enfermidade. No dia 16 de abril de 1930, Mariátegui morre na Clínica Villarán, na capital do país. Seu corpo é levado no dia seguinte pelas ruas de Lima, seguido por membros da CGTP e por milhares de trabalhadores, estudantes, artistas e intelectuais, cantando e empunhando bandeiras vermelhas durante todo o percurso do cortejo. O líder revolucionário não chegou a completar 36 anos de idade. A doença, até hoje, é motivo de controvérsias. Alguns estudiosos afirmam que José Carlos Mariátegui poderia ter sofrido de uma osteomielite crônica, enquanto outros sugerem uma tuberculose inflamatória.

Ele deixa dois livros quase prontos – que não puderam ser publicados naquele momento –, outros dois em projeto, escritos parcialmente, e uma série de tarefas políticas em andamento.

A presente edição reúne textos significativos da obra de Mariátegui, que incluem temas fundamentais discutidos por ele na imprensa de seu país. Utilizando personalidades e acontecimentos de sua época como temas destes breves artigos, o "Amauta" aborda assuntos como o fascismo, a "democracia", a arte e a política em geral. Com eles podemos conhecer suas impressões sobre Mussolini e sua mudança de atitude em relação à figura de D'Annunzio; sua desconfiança em relação à "democracia" norte-americana, explicitada nos textos sobre Wilson e Hoover; sua admiração – ainda que em momentos fizesse ressalvas – por figuras como Eugene Debs, Jean Jaurès, Leon Trotsky, Zinoviev, Obregón, Maróf, Gandhi, Tagore e José Ingenieros – que, mesmo muito diferentes entre si, possuíam traços que ele admirava – e seu contínuo interesse pela literatura, com os artigos sobre Máximo Górki, André Gide, Anatole France e Oliverio Girondo. Estes artigos mostram o estilo ousado e polêmico de Mariátegui e sua visão original de fatos e personagens do início do século XX, o que denuncia a que distância estava em relação a alguns marxistas ortodoxos de sua época.

Mariátegui na inauguração da sede da editora Minerva, em 31 de outubro de 1925.

*A benévola insistência de alguns amigos me fez decidir a coligir
num livro uma parte de meus artigos dos últimos anos
sobre "figuras e aspectos da vida mundial".*

[...]

*Penso que não é possível apreender em uma teoria o panorama completo
do mundo contemporâneo e que, sobretudo, não é possível fixar em uma teoria
seu movimento: temos de explorá-lo e conhecê-lo,
episódio por episódio, faceta por faceta. Nosso juízo e nossa imaginação
se sentirão sempre atrasados em relação à totalidade do fenômeno.
Por conseguinte, o melhor método para explicar e traduzir nosso tempo
é, talvez, um método um pouco jornalístico e um pouco cinematográfico.*

[...]

*Não sou um espectador indiferente do drama humano. Sou, pelo contrário, um
homem com uma filiação e uma fé. Este livro não tem mais valor
do que o de ser um registro leal do espírito e da sensibilidade
de minha geração. Eu o dedico, por isso, aos homens novos,
aos homens jovens da América indo-ibérica.*

(José Carlos Mariátegui, prefácio de *La escena contemporánea*, Lima, 1925)

BENITO MUSSOLINI[1]

Fascismo e Mussolini são duas palavras consubstanciais e solidárias. Mussolini é o animador, o líder, o *duce* máximo do fascismo, que por sua vez é sua plataforma, tribuna e veículo. Para explicarmos uma parte desse episódio da crise européia, recorramos rapidamente à história dos *fasci* e de seu caudilho.

Mussolini, como se sabe, é um político de origem socialista. Não teve dentro do socialismo uma posição centrista nem moderada, mas sim extremista e incandescente. Teve um papel condizente com seu temperamento, já que é, espiritual e organicamente, um extremista: está na extrema esquerda ou na extrema direita. De 1910 a 1911, foi um dos líderes da esquerda socialista e, em 1912, dirigiu a expulsão do seio socialista de quatro deputados partidários da colaboração ministerial: Bonomi, Bissolati, Cabrini e Podrecca. Passou então a dirigir o jornal *Avanti*. Vieram em seguida 1914 e a Guerra. O socialismo italiano exigiu a neutralidade do país, mas Mussolini, invariavelmente inquieto e beligerante, se rebelou contra o pacifismo de seus correligionários e defendeu a intervenção da Itália no conflito. Inicialmente deu a seu intervencionismo um enfoque revolucionário, sustentando que estender e radicalizar a guerra significaria apressar a revolução européia. Mas, na realidade, em sua postura intervencionista havia uma psicologia guerreira que não combinava com a atitude tolstoyana e passiva de neutralidade. Em novembro de 1914, Mussolini abandonou a direção do *Avanti* e fundou em Milão *Il Popolo d'Italia* para defender o ataque à Áustria. A Itália se uniu

---

[1] Publicado originalmente com o título "Mussolini y el fascismo", no livro *La escena contemporánea*, Lima, Minerva, 1925.

à Entente. Mussolini, o propagandista da intervenção, foi também, conseqüentemente, um soldado da intervenção.

Chegaram a vitória, o armistício e a desmobilização. Tudo isso trouxe também um período de ociosidade para os intervencionistas. D'Annunzio, nostálgico de gestas e epopéias, realizou a aventura de Fiume, enquanto Mussolini criou os *fasci di combattimento*: lanças ou feixes de combatentes. Mas na Itália o momento era revolucionário e socialista. Para aquele país, a guerra havia sido um mau negócio. A Entente lhe havia concedido uma magra participação no butim. Esquecida da contribuição das armas italianas para a vitória, lhe havia regateado teimosamente a possessão de Fiume. A Itália, em suma, havia saído da guerra com uma sensação de descontentamento e de desencanto. Realizaram-se, sob essa influência, as eleições, e os socialistas acabaram conquistando 155 cadeiras no Parlamento. Mussolini, candidato por Milão, foi estrondosamente derrotado pelos votos socialistas.

Mas esses sentimentos de decepção e de depressão nacionais eram propícios a uma violenta reação nacionalista. E foram a raiz do fascismo. A classe média em geral é peculiarmente suscetível aos mais exaltados mitos patrióticos, e a italiana, particularmente, sentia-se distante e adversária da classe proletária socialista: não perdoava sua atitude de neutralidade, seus altos salários, os subsídios do Estado e as leis sociais que durante e depois da guerra havia conseguido pelo medo da revolução. A classe média padecia e sofria com a idéia de que o proletariado, neutro e até mesmo derrotista, acabasse usufruindo de uma guerra que havia rejeitado e cujos resultados desvalorizava, diminuía e desdenhava. Esse mau humor da classe média encontrou um lar no fascismo. Mussolini atraiu, assim, a classe média a seus *fasci di combattimento*.

Alguns dissidentes do socialismo e do sindicalismo se alistaram nos *fasci*, contribuindo, com sua experiência e sua destreza, na organização e captação de massas. O fascismo não era, todavia, uma seita programática e conscientemente reacionária e conservadora: ele se considerava revolucionário. Sua propaganda tinha matizes subversivos e demagógicos. Posicionava-se, por exemplo, contra os novos ricos. Seus princípios – de tendências republicanas e anticlericais – estavam impregnados de uma confusão mental da classe média que, instintivamente descontente e desgostosa com a burguesia, era vagamente hostil ao proletariado. Os socialistas italianos cometeram o erro de não usar armas políticas sagazes para modificar a atitude espiritual da classe média. Mais ainda, acentuaram a inimizade entre o proletariado e a *piccola borghesia* – assim chamada e tratada de forma desdenhosa por alguns solenes teóricos da ortodoxia revolucionária.

A Itália entrou num período de guerra civil. Assustada pelas *chances* da revolução, a burguesia, solícita, armou, abasteceu e estimulou o fascismo; e o empurrou à perseguição truculenta do socialismo, à destruição dos sindicatos e cooperativas revolucionárias, à quebra de greves e insurreições. O fascismo se converteu, assim, numa milícia numerosa e aguerrida e acabou por ser mais forte que o próprio Estado. Então reclamou o poder. As brigadas fascistas conquistaram Roma, e Mussolini, em "camisa negra", ascendeu ao governo, obrigando a maioria do Parlamento a lhe obedecer e inaugurando um regime e uma era fascista.

Sobre Mussolini se escreveu muita ficção e pouca realidade. Por causa de sua beligerância política, quase não é possível uma definição objetiva e nítida de sua personalidade e sua figura. Algumas definições são ditirâmbicas e cortesãs; outras, rancorosas e panfletárias. Mussolini é conhecido, episodicamente, através de anedotas e fotografias. Diz-se, por exemplo, que ele é o artífice do fascismo. Acredita-se que Mussolini "fez" o fascismo. Ora, Mussolini é um agitador treinado, um organizador experimentado, um personagem vertiginosamente ativo. Sua atividade, seu dinamismo e sua tensão influíram enormemente no fenômeno fascista. Mussolini, durante a campanha fascista, falava em três ou quatro cidades num mesmo dia: usava o avião para ir de Roma a Pisa, de Pisa a Bolonha, de Bolonha a Milão. Ele é voluntarista, dinâmico, verborrágico, italianíssimo, singularmente dotado para agitar as massas e excitar multidões: foi o organizador, o animador, o *condottiere* do fascismo. Mas não foi seu criador, não foi seu artífice. Extraiu de um estado de ânimo um movimento político; mas não modelou esse movimento à sua imagem e semelhança, nem deu um espírito nem um programa ao fascismo. Ao contrário, foi o fascismo que deu seu espírito a Mussolini. Sua consubstanciação e identificação ideológica com os fascistas o obrigou a exonerar e a purgar seus últimos resíduos socialistas. Mussolini precisou assimilar o anti-socialismo e o chauvinismo da classe média para enquadrá-la e organizá-la nas fileiras dos *fasci di combattimento,* assim como teve de definir sua política como reacionária, anti-socialista e anti-revolucionária. O caso de Mussolini se distingue nesse sentido dos casos de Bonomi, de **Briand**[*] e outros ex-socialistas. Bonomi e Briand nunca se viram forçados a romper explicitamente com sua origem socialista. Atribuíram-se, isto sim, um socialismo mínimo, homeopático. Mussolini, ao contrário, chegou a dizer que se envergonhava de seu passado socialista, como um homem maduro se envergonha de suas cartas de amor de adolescente, e saltou do socialismo mais extremo ao conservadorismo mais radical. Não atenuou nem reduziu seu socialismo: abandonou-o total e integralmente. Seus rumos econômicos, por exemplo, são adversos a uma política de intervencionismo, de estatismo, de fiscalismo. Não aceitam o tipo transacional de Estado capitalista e empresário: tendem a restaurar o tipo clássico de Estado arrecadador e policial. Seus pontos de vista de hoje são diametralmente opostos aos de ontem. Mussolini era convicto de suas idéias ontem como é hoje. Qual foi, então, o mecanismo ou processo de sua conversão de uma doutrina a outra? Não se trata de um fenômeno cerebral; trata-se de um fenômeno irracional. O motor dessa mudança de atitude ideológica não foi a idéia; foi o sentimento. Mussolini não se desembaraçou de seu socialismo, nem intelectual, nem conceitualmente. O socialismo não era nele um conceito, mas sim uma emoção, do mesmo modo que o fascismo tampouco é nele um conceito, mas sim também uma emoção. Observemos um dado psicológico e fisionômico: Mussolini nunca foi um intelectual, mas sim um sentimental. Na política e na imprensa não foi um teórico nem um filósofo, mas sim um retórico e um condutor. Sua linguagem não foi programática, nem principista, nem científica, mas sim passional e sentimental. Os discursos mais fracos de Mussolini foram aqueles em que tentou definir a filiação e a ideologia do fascismo. O programa do fascismo é confuso, contraditório, heterogêneo: contém, mesclados *pêle-mêle*[2], conceitos liberais e sindicalistas. Melhor dizendo, Mussolini não deu ao fascismo um verdadeiro programa; ditou-lhe um plano de ação.

Mussolini passou do socialismo ao fascismo e da revolução à reação por uma via sentimental e não conceitual. Todas as apostasias históricas foram,

---

[*] Todos os nomes destacados em **negrito** estão no anexo "Textos biográficos" a partir da página 141.

[2] Confusamente.

provavelmente, um fenômeno espiritual. Mussolini, extremista da revolução ontem, extremista da reação hoje, nos lembra Juliano. Como esse imperador, personagem de **Ibsen** e de **Merechkovski**, Mussolini é um ser inquieto, teatral, alucinado, supersticioso e misterioso que se sentiu eleito pelo Destino para decretar a perseguição do novo deus e repor em seu altar os moribundos deuses antigos.

Pôster da Mostra della Rivoluzione Fascista, 1932.

GABRIELE D'ANNUNZIO[1]

D'Annunzio não é fascista. Mas o fascismo é d'annunziano. O fascismo usa costumeiramente uma retórica, uma técnica e uma postura d'annunzianas. O grito fascista de "Eia, eia, alalá" é um grito da epopéia de D'Annuzio. As origens espirituais do fascismo estão na literatura e na vida de D'Annunzio. Ele pode, portanto, renegar o fascismo; mas o fascismo não pode renegá-lo. D'Annunzio é um dos criadores, um dos artífices do estado de ânimo no qual se incubou e se modelou o fascismo.

Mais ainda: todos os capítulos recentes da história italiana estão saturados de d'annunzianismo. Adriano **Tilgher**, num denso ensaio sobre a *Terza Italia*, define o período pré-bélico de 1905 a 1915 como "o reino incontestado da mentalidade d'annunziana, nutrida de recordações da Roma imperial e das comunas italianas da Idade Média, formada de naturalismo pseudopagão, de aversão ao sentimentalismo cristão e humanitário, de culto à violência, de desprezo pelo vulgo profano curvado sobre o trabalho servil, de diletantismo quilometrofágico com um vago delírio de grandes palavras e de gestos imponentes". Durante esse período, constata Tilgher, a pequena e a média burguesia italiana se alimentaram da retórica de uma imprensa dirigida por literatos fracassados, totalmente impregnados de d'annunzianismo e de nostalgias imperiais.

E na guerra contra a Áustria – uma gesta d'annunziana – se gerou o fascismo – também uma gesta d'annunziana. Todos os líderes e capitães do fascismo

---

[1] Publicado originalmente com o título "D'Annunzio y el fascismo" no livro *La escena contemporánea*, Lima, Minerva, 1925.

provêm da facção que se envolveu com o governo neutralista de **Giolitti** e conduziu a Itália à guerra. As brigadas do fascismo se chamaram inicialmente feixes de combate. O fascismo foi uma emanação da guerra. A aventura de Fiume e a organização dos *fasci* foram dois fenômenos gêmeos e sincrônicos. Os fascistas de Mussolini e os *arditi* de D'Annunzio confraternizavam. Uns e outros se lançavam a suas empresas ao grito de "Eia, eia, alalá"! O fascismo e o fiumanismo se amamentavam nas tetas da mesma loba, como Rômulo e Remo. Mas, assim como Rômulo e Remo, o destino queria que um matasse o outro. O fiumanismo sucumbiu em Fiume afogado em sua retórica e em sua poesia. E o fascismo se desenvolveu, livre da concorrência de todo movimento similar, a expensas dessa imolação e desse sangue.

O fiumanismo resistia em descer do mundo astral e olímpico de sua utopia ao mundo contingente, precário e prosaico da realidade. Sentia-se por cima da luta de classes, por cima do conflito entre a idéia individualista e a idéia socialista, por cima da economia e de seus problemas. Isolado da terra, perdido no éter, o fiumanismo estava condenado à evaporação e à morte. O fascismo, no entanto, tomou posição na luta de classes e, explorando a ojeriza da classe média contra o proletariado, a enquadrou em suas fileiras e a levou à luta contra a revolução e contra o socialismo. Todos os elementos reacionários e conservadores que estavam mais ansiosos por um comando decidido a combater a revolução do que por um político inclinado a pactuar com ela, se alistaram e se concentraram nos quadros do fascismo. Exteriormente, o fascismo conservou seus ares d'annunzianos; mas interiormente seu novo conteúdo e estrutura social desalojaram e sufocaram a rarefeita ideologia d'annunziana. O fascismo cresceu e venceu, não como movimento d'annunziano, mas sim como movimento reacionário; não como interesse superior à luta de classes, mas sim como interesse de uma das classes beligerantes. O fiumanismo era mais um fenômeno literário do que político. O fascismo é um fenômeno eminentemente político. O *condotiere* do fascismo tinha que ser, por conseguinte, um político, um caudilho agitador, plebiscitário, demagógico. E por isso o fascismo encontrou em Benito Mussolini – e não em Gabriele D'Annunzio – seu *duce*, seu animador. O fascismo necessitava de um líder pronto a usar, contra o proletariado socialista, o revólver, o bastão e o óleo de rícino. E poesia e óleo de rícino são duas coisas inconciliáveis e dissímiles.

A personalidade de D'Annunzio é arbitrária, versátil e não cabe dentro de um partido: ele é um homem sem filiação ou disciplina ideológica. Aspira a ser um grande ator da história. Não lhe preocupa senão sua grandeza, seu destaque, sua estética. Não obstante, D'Annunzio mostrou, apesar de seu elitismo e seu aristocratismo, uma freqüente e instintiva tendência à esquerda e à revolução. Em D'Annunzio não há uma teoria, uma doutrina, um conceito: há sobretudo um ritmo, uma música, uma forma, que tiveram, entretanto, em alguns sonoros episódios da história do grande poeta, um matiz e um sentido revolucionários. É que D'Annunzio ama o passado; mas ama ainda mais o presente. O passado o provê e o abastece de elementos decorativos, de esmaltes arcaicos, de cores raras e de hieróglifos misteriosos. Mas o presente é a vida. E a vida é a fonte da fantasia e da arte. E, enquanto a reação é o instinto de conservação, o estertor agonizante do passado, a revolução é a gestação dolorosa, o parto sangrento do presente.

Quando, em 1900, D'Annunzio ingressou na Câmara italiana, sua carência de filiação e falta de ideologia o levaram a um assento entre os conservadores. Mas, num dia de polêmica emocionante entre a maioria burguesa e dinástica e a extrema esquerda socialista e revolucionária, D'Annunzio, ausente da contro-vérsia teórica, sensível somente ao pulsar e à emoção da vida, se sentiu atraído magneticamente para o campo de gravitação da minoria. E falou assim à extrema esquerda: "No espetáculo de hoje vi, de um lado, muitos mortos que gritam e, de outro, poucos vivos e eloqüentes. Como homem de intelecto, caminho para a vida". D'Annunzio não caminhava para o socialismo nem para a revolução. Nada sabia nem queria saber de teorias nem de doutrinas. Caminhava simplesmente para a vida. A revolução exercia nele a mesma atração natural e orgânica que o mar, que o campo, que a mulher, que a juventude e que o combate.

E, depois da guerra, D'Annunzio voltou a aproximar-se várias vezes da revolução. Quando ocupou Fiume, disse que o fiumanismo era a causa de todos os povos oprimidos e irredentos[2]. E enviou um telegrama a Lenin. Pare-

---

[2] Em 1919, D'Annunzio e mais trezentos homens, indo contra as determinações do Tratado de Versalhes, ocuparam o porto de Fiume – atualmente Rijeka, na Croácia –, argumentando que este pertencia à Itália. Ele governou Fiume como um ditador até dezembro de 1920, quando teve de renunciar.

ce que Lenin quis responder-lhe, mas os socialistas italianos se opuseram a que os sovietes levassem a sério o gesto do poeta. D'Annunzio convidou todos os sindicatos de Fiume a colaborar com ele na elaboração da constituição fiumana. Alguns homens da ala esquerda do socialismo, inspirados por um instinto revolucionário, propugnaram por um entendimento com D'Annunzio. Mas a burocracia do socialismo e dos sindicatos rechaçou e excomungou essa proposta herética, declarando D'Annunzio um diletante, um aventureiro. A heterodoxia e o individualismo do poeta repugnavam seu sentimento revolucionário. Privado de toda cooperação doutrinária, ele deu a Fiume uma constituição retórica, de tom épico, que é, sem dúvida, um dos mais curiosos documentos da literatura política desses tempos. Na capa da Constituição do Arengo del Carnaro estão escritas estas palavras: "A vida é bela e digna de ser magnificamente vivida". E em seus capítulos e incisos, a Constituição de Fiume assegura aos cidadãos do Arengo del Carnaro uma assistência ampla, generosa e infinita para seu corpo, alma, imaginação e músculos. Na Constituição de Fiume existem toques de comunismo. Não do moderno, científico e dialético comunismo de Marx e de Lenin, mas sim do utópico e arcaico comunismo da República de **Platão**, da Cidade do Sol de **Campanella** e da Cidade de San Rafael de John **Ruskin**.

Liquidada a aventura de Fiume, D'Annunzio teve um período de contato e de negociações com alguns líderes do proletariado. Em sua vila de Gardone, se entrevistaram com ele D'Aragona e Baldesi, secretários da Confederação Geral do Trabalho. Recebeu também a visita de **Tchitcherin**, que retornava de Gênova à Rússia. Pareceu então iminente o acordo de D'Annunzio com os sindicatos e com o socialismo. Eram os dias em que os socialistas italianos, desvinculados dos comunistas, pareciam próximos à colaboração ministerial. Mas a ditadura fascista estava em andamento. E, em vez de D'Annunzio e os socialistas, foram Mussolini e os "camisas negras" que conquistaram a Cidade Eterna.

D'Annunzio tem boas relações com o fascismo. A ditadura dos "camisas negras" flerta com o Poeta, que, de seu retiro de Gardone, a observa sem rancor nem antipatia. Mas se mantém esquivo e intratável a qualquer colaboração. Mussolini patrocinou o *pacto marinheiro*, redigido pelo Poeta, o qual é uma espécie de padrinho da gente do mar. Os trabalhadores do mar se submetem voluntariamente a sua arbitragem e a seu império. O poeta de *La Nave* exerce sobre eles uma autoridade patriarcal e teocrática. Proibido de legislar para a terra, se contenta em legislar para o mar, que o compreende melhor.

Mas a história tem como cenário a terra e não o mar. E tem como assunto central a política e não a poesia. A política que reclama de seus atores contato constante e metódico com a realidade, com a ciência, com a economia e com todas aquelas coisas que a megalomania dos poetas desconhece e desdenha. Em uma época normal e calma da história, D'Annunzio não teria sido um protagonista da política, porque nesses períodos a política é um negócio administrativo e burocrático. Mas nessa época de neo-romantismo e de renascimento do Herói, do Mito e da Ação, a política deixa de ser um ofício sistemático da burocracia e da ciência. D'Annunzio tem, por isso, um lugar na política contemporânea. Só que, ondulante e arbitrário, não pode imobilizar-se dentro de uma seita nem alistar-se em um grupo. Não consegue caminhar nem com a reação nem com a revolução e é menos capaz ainda de afiliar-se à eclética e sagaz zona intermediária da democracia e da reforma.

Assim, sem que D'Annunzio seja consciente nem especificamente reacionário, a reação é paradóxica e enfaticamente d'annunziana e, na Itália, tomou do d'annunzianismo o gesto, a pose e o sotaque. Em outros países a reação é mais sóbria, brutal e despida. Já na Itália, país da eloqüência e da retórica, a reação necessita erguer-se sobre um pedestal suntuosamente decorado pelos frisos, pelos baixos-relevos e pelas volutas da literatura d'annunziana.

H. G. WELLS[1]

O julgamento sobre o presente de um homem hábil em traduzir o passado e em imaginar o futuro tem sempre um interesse conspícuo, sobretudo se esse homem é Mr. H. G. Wells, conhecido no mundo inteiro como um metódico explorador da história e da utopia. Wells, em sua posição de historiador e romancista, se pôs a observar "como anda o mundo" e a comunicar ao público, através de artigos, suas impressões. Um de seus textos mais comentados até hoje é o que se propõe a responder a pergunta: O que é o fascismo?

Wells decidiu julgar e definir o fascismo quando acreditou já dispor de material abundante para esse exame. Teve mais pressa e menos prudência, contudo, para estudar a revolução bolchevique. A experiência soviética e o cenário moscovita provavelmente o atraíram mais por suas miragens romanescas de utopia social. Seu livro de impressões sobre a Rússia de Lenin, relido a certa distância, lhe deve haver revelado a diferença que existe entre suas especulações habituais de historiador e romancista e o excepcional empreendimento de compreender e julgar uma revolução, seu espírito e seus homens.

O fascismo já não é mais a mesma nebulosa dos dias da marcha a Roma, quando se dobravam perante ele muitos eminentes liberais que certamente tinham grande estima pelo autor de *The Outline of History*. O trabalho de estudar o tema se apresenta, portanto, bastante facilitado. O estudioso conta hoje com um farto conjunto de conceitos que definem os diversos fatores da formação do fascismo: o experimento governamental de Benito Mussolini já

---

[1] Publicado originalmente com título "H. G. Wells y el fascismo" em *Variedades*, Lima, 14 de maio de 1927.

chegou a seu quarto aniversário. O julgamento de H. G. Wells se move, assim, sobre uma base ampla e segura.

Talvez por isso não contenha proposições originais a respeito das origens do movimento fascista. H. G. Wells, nesse estudo, segue mais ou menos o mesmo itinerário que outros críticos do fascismo: encontra as raízes espirituais deste no d'annunzianismo e no "futurismo" marinettiano, já classificados como fenômenos análogos.

E, logicamente, tampouco em suas conclusões Wells oferece qualquer originalidade. Sua atitude é a característica de um reformista, de um democrata, ainda que atormentado por uma série de "dúvidas sobre a democracia" e de inquietudes a respeito da reforma. O fascismo lhe parece algo assim mais como um cataclismo do que como a conseqüência e o resultado da quebra da democracia burguesa e da derrota da revolução proletária na Itália. Evolucionista convicto, Wells não pôde conceber o fascismo como um fenômeno possível dentro da lógica da história. Tem que entendê-lo como um fenômeno de exceção. Para ele, o fascismo é um movimento monstruoso, teratológico, possível de ocorrer somente entre um povo de educação defeituosa, propenso a todas as exuberâncias da ação e da palavra. Mussolini, diz Wells, "é um produto mórbido da Itália". E o povo italiano, um povo que não estudou devidamente a geografia nem a história universais.

Nessa, como quase em todas as atitudes intelectuais de H. G. Wells, se identificam facilmente as qualidades e os defeitos do pedagogo, do evolucionista e do inglês.

Pode-se perceber o pedagogo não somente pelo corte didático da exposição, mas também pelo próprio fundo de seu julgamento. Wells pensa que uma das causas do fascismo é o deficiente desenvolvimento do ensino secundário e superior na nação italiana. As escolas de má qualidade e as universidades, insuficientes, foram a seu juízo o primeiro fator para criar o sentimento fascista. Mas esse conceito não tem o sentido geral que necessitaria para ser admitido e sancionado. Wells parece localizar o problema nos ensinos secundário e universitário e, mais especificamente ainda, no ensino de geografia e história universais.

E esse gesto denuncia o inglês. O Império britânico não seria concebível sobre a base de um povo pouco instruído na geografia universal. Para o inglês, a geografia é obrigatoriamente a disciplina que tem maior importância. Um homem culto da Bélgica ou da Suíça pode ignorar essa ciência; um inglês não. Sem um sólido conhecimento da geografia, a Inglaterra não conseguiria conservar nem o domínio dos mares nem seu império colonial em todos os continentes. Explica-se, assim, que um professor inglês considere escassamente instruídos em geografia a todos os homens de outras nacionalidades. E o mesmo acontece em relação à história. A história e a sociologia, no conceito de um inglês, quase não têm outro propósito senão o de demonstrar como todo o progresso humano culmina no Império britânico e como a evolução da espécie humana culmina no inglês.

Há outra razão para que o fascismo pareça a um professor inglês o resultado de uma particular ignorância da geografia e história universais: o fascismo é imperialista. Os fascistas se propõem a restaurar o Império romano. O sonho de Mussolini é a reconstrução da Roma imperial. Conseqüentemente, ele incomoda particularmente o sentimento imperialista de todo cidadão britânico, que não consegue explicar o ideal fascista senão como o fruto de uma incipiente e retardada instrução em geografia e história.

O evolucionista, certamente, não está menos presente e visível em H. G. Wells e em suas opiniões, assim como é compatível com o seu lado inglês e pedagogo. Toda a pedagogia do anteguerra repousa em uma fé absoluta no dogma do progresso. E o evolucionismo, em todos seus planos, se delineia cada dia mais nitidamente como um produto típico da mentalidade britânica. Todas as teses evolucionistas tendem a provar fundamentalmente que o futuro humano será uma continuação da história inglesa, que coroa o esforço de todas as raças e culturas.

Se a Grã-Bretanha e o evolucionismo não estivessem em crise e se muitos dos sintomas não assinalassem a sua decadência, as opiniões de Mr. H. G. Wells sobre o fascismo seriam muito mais consideráveis e transcendentes. Mas em nossos dias, o fascismo tem pouco a temer da crítica reformista e democrática, ainda que ela venha de um escritor da estatura de Wells. Com o simples e desgastado arsenal evolucionista e liberal já não é mais possível uma séria ofensiva teórica contra o fascismo e seu *condottiero*. O pensamento e a ação revolucionários, como o próprio Mr. Wells reconhece com as suas "dúvidas sobre a democracia", têm armas mais modernas e mais contundentes.

DAVID LLOYD GEORGE [1]

Lenin é o político da revolução; Mussolini é o político da reação; e Lloyd George é o político do compromisso, da transação e da reforma. Eclético, equilibrado e mediador, igualmente distante tanto da esquerda quanto da direita, Lloyd George não é um construtor nem da nova nem da velha ordem. Desprovido de qualquer adesão ao passado e de toda a impaciência do futuro, Lloyd George não deseja ser senão um artesão, um construtor do presente. Ele é um personagem sem filiação dogmática, sectária, rígida. Não é individualista nem coletivista; não é internacionalista nem nacionalista: por isso, arregimenta o liberalismo britânico. Mas esse rótulo de liberal corresponde mais a uma razão de classificação eleitoral do que de diferenciação programática. Liberalismo e conservadorismo são hoje duas escolas políticas superadas e deformadas. Atualmente não assistimos a um conflito dialético entre o conceito liberal e o conservador, mas sim a um contraste real, a um choque histórico entre a tendência a manter a organização capitalista da sociedade e a tendência a substituí-la com uma organização socialista e proletária.

Lloyd George não é um teórico, um hierofante de qualquer dogma econômico, nem um político; é um conciliador quase agnóstico. Carece de pontos de vista rígidos. Seus pontos de vista são provisórios, mutáveis, precários e móveis. Lloyd George se apresenta em constante retificação, em permanente revisão de suas idéias. A apostasia supõe translação de uma posição extremista

---

[1] Publicado originalmente com o título "Lloyd George" no livro *La escena contemporánea*, Lima, Minerva, 1925.

a outra posição antagônica, também extremista. E Lloyd George ocupa invariavelmente uma posição centrista, transacional, intermediária. Seus movimentos de translação não são, por conseguinte, radicais e violentos, mas sim graduais e mínimos. Lloyd George é, estruturalmente, um político possibilista. Pensa que a linha reta é, na política como na geometria, uma linha teórica e imaginária. A superfície da realidade política é acidentada como a superfície da Terra. Sobre ela não se podem traçar linhas retas, senão linhas geodésicas. Lloyd George, por isso, não busca na política a rota ideal, mas sim a rota mais geodésica.

Para esse cauteloso e perspicaz político, o hoje é uma transação entre o ontem e o amanhã. Lloyd George não se preocupa como foi nem como será, mas sim como é.

Nem douto nem erudito, Lloyd George é, antes de tudo, um tipo refratário à erudição e ao pedantismo. Essa condição e sua falta de fé em toda doutrina o preservam da rigidez ideológica e dos principismos sistemáticos. Antípoda do catedrático, Lloyd George é um político de fina sensibilidade, dotado de órgãos ágeis para a percepção original, objetiva e cristalina dos fatos. Não é um comentador, nem um espectador, mas sim protagonista, um ator consciente da história. Sua retina política é sensível à impressão veloz e estereoscópica do panorama circundante. Sua falta de apreensões e de escrúpulos dogmáticos lhe permite usar os métodos e os instrumentos mais adaptados a seus objetivos. Lloyd George assimila e absorve instantaneamente as sugestões e as idéias úteis a sua orientação espiritual. É discreto, sagaz e flexivelmente oportunista. Não se obstina jamais. Trata de modificar a realidade contingente, de acordo com suas previsões, mas, se encontra nessa realidade excessiva resistência, se contenta em exercitar sobre ela uma influência mínima. Não se obceca em uma ofensiva imatura. Reserva sua insistência, sua tenacidade, para o instante propício, para a conjuntura oportuna. E está sempre pronto à transação, ao compromisso. Sua tática de governante consiste em não reagir bruscamente contra as impressões e as paixões populares, mas sim se adaptar a elas para canalizá-las e dominá-las manhosamente.

A colaboração de Lloyd George na Paz de Versalhes, por exemplo, está saturada de seu oportunismo e seu possibilismo. Lloyd George compreendeu que a Alemanha não podia pagar uma indenização excessiva. Mas o ambiente delirante, frenético e histérico da vitória o obrigou a aderir, provisoriamente, à tese contrária. O contribuinte inglês, desejoso de que os gastos bélicos não pesassem sobre sua renda, mal informado da capacidade econômica da Alemanha, queria que esta pagasse o custo integral da guerra. Sob a influência desse estado de ânimo, se efetuaram as eleições, apressadamente convocadas por Lloyd George imediatamente depois do armistício. Para não correr o risco de uma derrota, Lloyd George teve de incluir em seu programa eleitoral essa aspiração do eleitor inglês. Teve que fazer seu o programa de paz de Lord Northcliffe e do *Times,* adversários encarniçados de sua política.

Lloyd George era igualmente contra que o Tratado mutilasse e desmembrasse a Alemanha e engrandecesse territorialmente a França. Percebia o perigo de desorganizar e desarticular a economia alemã. Combateu, por conseguinte, a ocupação militar da faixa esquerda do Reno. Resistiu a todas as conspirações francesas contra a unidade da Alemanha. Mas acabou tolerando que estas se infiltrassem no Tratado. Quis, antes de tudo, salvar a Entente e a Paz. Pensou que não era o momento de frustrar as intenções francesas e que, à medida que os espíritos se iluminassem e que o delírio da vitória se extinguisse, o caminho para a retificação paulatina do Tratado se abriria automaticamente, enquanto suas conseqüências, prenhas de ameaças para o futuro europeu, induziriam a todos os vencedores a aplicá-lo com prudência e tolerância. Keynes, em suas *Novas considerações sobre as conseqüências econômicas da paz,* comenta assim essa gestão: "Lloyd George assumiu a responsabilidade de um tratado insensato, inexecutável em parte, que constituía um perigo para a própria vida da Europa. Pode-se alegar, uma vez admitidos todos seus defeitos, que as paixões ignorantes do público desempenham no mundo um papel que deve ser levado em conta por aqueles que conduzem uma democracia. Pode-se dizer que a Paz de Versalhes constituía a melhor regulamentação provisória que permitiam as reclamações populares e o caráter dos chefes de Estado. Pode-se afirmar que, para defender a vida da Europa, consagrou durante dois anos sua habilidade e sua força para evitar e moderar o perigo".

Depois da paz, de 1920 a 1922, Lloyd George fez sucessivas concessões formais, protocolares, ao ponto de vista francês: aceitou o dogma da intangibilidade, da infalibilidade do Tratado. Mas trabalhou perseverantemente para atrair a França a uma política tacitamente revisionista. E para conseguir o esquecimento das condições mais duras e o abandono das cláusulas mais imprevidentes.

Perante a revolução russa, Lloyd George teve uma atitude elástica. Algumas vezes se ergueu, dramaticamente, contra ela; outras vezes flertou com ela furtivamente. A princípio, subscreveu a política do bloqueio e da intervenção militar da Entente. Em seguida, convencido da consolidação das instituições russas, preconizou seu reconhecimento. Posteriormente, com discursos inflamados e enfáticos, denunciou os bolcheviques como inimigos da civilização.

Lloyd George tem, em relação ao setor burguês, uma visão mais européia que britânica – ou britânica e por isso européia – da guerra social, da luta de classes. Sua política se inspira nos interesses gerais do capitalismo ocidental. E recomenda a melhoria do nível da vida dos trabalhadores europeus, a expensas das populações coloniais da Ásia, África etc. A revolução social é um fenômeno da civilização capitalista européia. O regime capitalista – no juízo de Lloyd George – deve adormecê-la, distribuindo entre os trabalhadores da Europa uma parte dos ganhos obtidos dos demais trabalhadores do mundo. Devem-se extrair do trabalhador braçal asiático, africano, australiano ou americano os xelins necessários para aumentar o conforto e o bem-estar do trabalhador europeu e debilitar sua aspiração de justiça social. Deve-se organizar a exploração das nações coloniais para que abasteçam de matérias-primas as nações capitalistas e absorvam integramente sua produção industrial. A Lloyd George, ademais, não lhe repugna nenhum sacrifício da idéia conservadora, nenhuma relação com a idéia revolucionária. Enquanto os reacionários querem reprimir militarmente a revolução, os reformistas querem pactuar e negociar com ela. Crêem que não é possível asfixiá-la, derrotá-la, mas, sim, domesticá-la.

Entre a extrema esquerda e a extrema direita, entre o fascismo e o bolchevismo, existe todavia uma heterogênea zona intermediária, psicológica e organicamente democrática e evolucionista, que aspira a um acordo, a uma transação entre a idéia conservadora e a idéia revolucionária. Lloyd George é um dos líderes substantivos dessa zona temperada da política. Alguns lhe atribuem um íntimo sentimento demagógico e o definem como um político nostálgico de uma posição revolucionária. Mas esse juízo foi feito com base em dados superficiais sobre sua personalidade. Lloyd George não tem aptidões espirituais para ser um caudilho revolucionário, nem um caudilho reacionário. Falta-lhe fanatismo, dogmatismo e paixão: ele é um relativista da política. E, como todo relativista, tem perante a vida uma atitude um pouco risonha, um pouco cínica, um pouco irônica e um pouco divertida.

Os quatro grandes da Conferência de Paris:
Lloyd George, Orlando, Clemenceau e Wilson.

JOHN MAYNARD KEYNES[1]

Keynes não é líder, não é político, nem sequer é deputado. É apenas diretor do *Manchester Guardian* e professor de economia da Universidade de Cambridge. Mesmo assim, é uma figura de primeiro nível da política européia. Ainda que não tenha descoberto a decadência da civilização ocidental, a teoria da relatividade, nem o enxerto da glândula de macaco, é um homem tão ilustre e influente como Spengler, Einstein e Voronoff. Um livro de êxito estrondoso, *As conseqüências econômicas da paz*, difundiu em 1919 o nome de Keynes para o mundo inteiro.

Esse livro é a história íntima, descarnada e enxuta da conferência de paz e de seus bastidores. E é, ao mesmo tempo, uma sensacional denúncia contra o tratado de Versalhes e seus protagonistas. Keynes denuncia em sua obra as deformações e erros desse pacto e suas conseqüências para a Europa.

O tratado de Versalhes é ainda um tópico de atualidade. Os políticos e economistas da reconstrução européia reclamam peremptoriamente sua revisão, sua retificação e talvez até o seu cancelamento. A aceitação desse tratado é apenas condicional e provisória: os Estados Unidos se recusaram a assiná-lo; e a Inglaterra não dissimulou, em algumas ocasiões, seu desejo de abandoná-lo. Para Keynes, o tratado seria uma regulamentação temporária da rendição alemã.

Mas como esse tratado disforme e teratológico foi preparado e em que circunstâncias apareceu? Keynes, testemunha inteligente de sua elaboração, nos explica. A Paz de Versalhes foi construída por três homens: Wilson, **Clemenceau** e Lloyd George (Orlando teve ao lado desses três estadistas um

---

[1] Publicado originalmente no livro *La escena contemporánea*, Lima, Minerva, 1925.

papel secundário, anódino, intermitente e opaco. Sua intervenção se limitou a uma defesa sentimental dos direitos da Itália). Wilson ambicionava seriamente uma paz edificada sobre seus quatorze pontos e nutrida de sua ideologia democrática; Clemenceau lutava para obter uma paz vantajosa para a França, que fosse dura, áspera, inexorável; enquanto Lloyd George era empurrado em sentido análogo pela opinião inglesa: seus compromissos eleitorais o forçavam a tratar a Alemanha sem clemência. Os povos da Entente estavam demasiadamente perturbados pelo prazer e pela amnésia da vitória e atravessavam um período de febre e de tensão nacionalistas. Sua inteligência estava obscurecida pelo *pathos*. E, enquanto Clemenceau e Lloyd George representavam dois povos possuídos, morbidamente, pelo desejo de espoliar e oprimir a Alemanha, Wilson não simbolizava uma nação realmente convertida à sua doutrina, nem solidamente mancomunada com seu beato e demagógico programa. Só interessava à maioria da população norte-americana o término da guerra da forma mais prática e menos onerosa possível. Por isso, sua tendência era a de abandonar completamente tudo o que o programa wilsoniano tinha de idealista. O ambiente aliado, bélico e truculento, carregado de ódio, rancor e gases asfixiantes, era adverso a uma paz wilsoniana e altruísta. O próprio presidente dos Estados Unidos não podia escapar da influência e dos condicionamentos da "atmosfera pantanosa de Paris". O estado de ânimo aliado era extremamente hostil ao programa wilsoniano de paz sem anexações nem indenizações. Além disso, Wilson, como diplomata e político, era assaz inferior a Clemenceau e a Lloyd George. A figura política de Wilson não sai muito bem no livro de Keynes, que retrata a atitude do líder norte-americano na conferência de paz como mística, sacerdotal. Ao lado de Lloyd George e de Clemenceau, cautelosos, defensivos e sagazes estrategistas da política, Wilson se mostrava um ingênuo professor universitário, um utópico e hierático presbiteriano. Wilson, finalmente, levou à conferência de paz princípios gerais, mas não idéias concretas sobre sua aplicação. Ele não conhecia as questões européias às quais estavam destinados seus princípios. Foi fácil aos aliados, por isso, *camuflar* com uma roupagem idealista a solução que lhes convinha. Clemenceau e Lloyd George, ágeis e permeáveis, trabalhavam assistidos por um exército de técnicos e especialistas. Já Wilson, rígido e hermético, quase não tinha contato com sua própria delegação. Nenhuma pessoa de sua *entourage* exercia influência sobre seu pensamento. Às vezes uma redação astuta e uma manobra gramatical foram suficientes para esconder dentro de uma cláusula de aparência inócua uma intenção transcendente. Wilson não pôde defender seu programa do torpedeamento sigiloso de seus colegas da conferência.

Entre o programa wilsoniano e o tratado de Versalhes existe, por essa e outras razões, uma contradição sensível. O programa wilsoniano garantia à Alemanha o respeito à sua integridade territorial, lhe assegurava uma paz sem multas nem indenizações e proclamava enfaticamente o direito dos povos à autodeterminação. Mas o tratado separa da Alemanha a região do Sarre, habitada por seiscentos mil teutônicos genuínos; confere à Polônia e Tchecoslováquia outras porções de território alemão; autoriza a ocupação durante quinze anos da faixa esquerda do Reno, onde habitam seis milhões de alemães; e fornece à França o pretexto para invadir as províncias do Rhur e se instalar nelas. O tratado nega à Áustria, reduzida a um pequeno Estado, o direito de se associar ou se incorporar à Alemanha. A Áustria não pode invocar esse direito sem a permissão da Sociedade das Nações, que só pode lhe dar sua permissão por unanimidade de votos. O tratado obriga a Alemanha – além da reparação dos danos causados a populações civis e de reconstrução de cidades e campos devastados – a reembolsar as pensões de guerra dos países aliados, que estão saqueando todos seus bens negociáveis, tanto de suas colônias como de sua bacia carbonífera do Sarre, assim como de sua marinha mercante e até da propriedade privada de seus súditos em território aliado. Também lhe impõe a entrega anual de uma quantidade de carvão, equivalente à diferença entre a produção atual das minas de carvão francesas e a produção de antes da guerra. E a obriga, sem nenhum direito à reciprocidade, a conceder uma tarifa aduaneira mínima para as mercadorias aliadas e a permitir a invasão da produção dos países aliados sem nenhuma compensação. Resumindo, o tratado empobrece, mutila e desarma a Alemanha, ao mesmo tempo que lhe exige uma enorme indenização de guerra.

Keynes prova que esse pacto é uma violação das condições de paz oferecidas pelos aliados à Alemanha, para induzi-la a render-se. A Alemanha capitulou sobre a base dos quatorze pontos de Wilson. As condições de paz não deviam, portanto, ter se afastado nem se diferenciado dessa proposta. A conferência de Versalhes deveria ter se limitado à formalização e à aplicação daquelas condições; entretanto, impôs à Alemanha uma paz diferente daquela oferecida solenemente por Wilson. Keynes qualifica essa conduta como uma desonestidade monstruosa.

Ademais, esse tratado, que arruína e mutila a Alemanha, não é somente injusto e insensato, mas também perigoso e fatal para seus autores. A Europa necessita de solidariedade e cooperação internacionais, para reorganizar sua produção e restaurar sua riqueza. O tratado a anarquiza, a fraciona, a conflagra e a inocula de nacionalismo e jingoísmo. A crise européia tem no pacto de Versalhes um de seus maiores estímulos doentios. Keynes adverte para a extensão e a profundidade dessa crise. E não crê nos planos de reconstrução "demasiadamente complexos, sentimentais e pessimistas". "O doente", diz, "não tem necessidade de drogas, nem de remédios. O que lhe faz falta é uma atmosfera sã e natural na qual possa dar livre curso a sua recuperação". Seu plano de reconstrução européia se resume, por isso, em duas proposições lacônicas: a anulação das dívidas interaliadas e a redução da indenização alemã a 36 bilhões de marcos. Keynes considera que esse é, também, o máximo que a Alemanha pode pagar.

O pensamento economicista de Keynes localiza a solução da crise européia na regulamentação econômica da paz. Em seu primeiro livro escrevia, não obstante, que "a organização econômica, que a Europa Ocidental vivenciou durante o último meio século, é essencialmente extraordinária, instável, complexa, incerta e temporária". A crise, portanto, não se reduz à existência da questão das reparações e das dívidas interaliadas. Os problemas econômicos da paz exacerbam e exasperam a crise; mas não a causam integralmente. A raiz da crise está nessa organização econômica "instável, complexa etc.". Mas Keynes é um economista burguês, de ideologia evolucionista e de psicologia britânica, que precisa injetar confiança e otimismo no espírito da sociedade capitalista. E deve, por isso mesmo, assegurar-lhe que uma solução sábia, sagaz e prudente dos problemas econômicos da paz removerá todos os obstáculos que obstruem, na atualidade, o caminho do progresso, da felicidade e do bem-estar humanos.

THOMAS WOODROW WILSON[1]

Todos os setores da política e do pensamento coincidem em reconhecer em Woodrow Wilson uma inteligência elevada, um temperamento austero e uma orientação generosa, mesmo tendo, como é natural, opiniões divergentes sobre a transcendência de sua ideologia e sobre sua posição na história. Os homens da direita – talvez os mais distantes da doutrina de Wilson – o classificam como um grande iludido, como um grande utópico; os homens da esquerda o consideram o último caudilho do liberalismo e da democracia; e os homens do centro o exaltam como o apóstolo de uma ideologia clarividente que, contrariada até hoje pelos egoísmos nacionais e as paixões bélicas, conquistará por fim a consciência da humanidade.

Essas diferentes opiniões e atitudes apontam Wilson como um líder centrista e reformista. Ele não foi, evidentemente, um político do tipo de Lloyd George, de **Nitti**, nem de Caillaux. Mais que contextura de político, teve contextura de ideólogo, mestre e pregador. Seu idealismo mostrou, sobretudo, uma base e orientação éticas. Mas essas são modalidades de caráter e educação. Wilson se diferenciou, por seu temperamento religioso e universitário, dos outros líderes da democracia. Por sua filiação, ocupou a mesma zona política: foi um representante genuíno da mentalidade democrática, pacifista e evolucionista, tentando conciliar a velha ordem com a que nascia, o internacionalismo com o nacionalismo, o passado com o futuro.

Wilson foi o verdadeiro generalíssimo da vitória aliada. Os mais profundos

---

[1] Publicado originalmente com o título "Wilson" no livro *La escena contemporánea*, Lima, Minerva, 1925.

analistas da guerra mundial pensam que a vitória foi uma obra de estratégia política e não de estratégia militar. Os fatores psicológicos e políticos tiveram na guerra mais influência e mais importância que os militares. Adriano Tilgher escreve que a guerra foi ganha "por aqueles governos que souberam conduzi-la com uma mentalidade adequada, dando-lhe fins capazes de converter-se em mitos, estados de ânimo, paixões e sentimentos populares" e que "ninguém mais que Wilson, com sua pregação quaker-democrática, contribuiu para reforçar nos povos da Entente a convicção da justeza de sua causa e o propósito de continuar a guerra até a vitória final". Wilson, realmente, fez da guerra contra a Alemanha uma *guerra santa*. Antes de Wilson, os estadistas da Entente haviam batizado a causa aliada como a causa da liberdade e do direito. **Tardieu**, em seu livro *A paz,* cita algumas declarações de Lloyd George e Briand que continham os germens do programa wilsoniano. Mas na linguagem dos políticos da Entente havia uma entonação convencional e diplomática. A linguagem de Wilson teve, ao contrário, todo o fogo religioso e o timbre profético necessários para emocionar a humanidade. Os Quatorze Pontos ofereceram aos alemães uma paz justa, eqüitativa, generosa, uma paz sem anexações nem indenizações, uma paz que garantiria a todos os povos igual direito à vida e à felicidade. Em suas declarações e em seus discursos, Wilson dizia que os aliados não combatiam contra o povo alemão, mas sim contra a casta aristocrática e militar que o governava.

E essa propaganda demagógica, que ribombava contra as aristocracias, anunciava o governo das multidões e proclamava que "a vida brota da terra", de um lado fortaleceu nos países aliados a adesão das massas à guerra e de outro lado debilitou na Alemanha e na Áustria a vontade de resistência e de luta. Os Quatorze Pontos prepararam a dissolução da frente russo-alemã mais eficazmente que os tanques, os canhões e os soldados de Foch e de Díaz, de Haig e de **Pershing**. Assim o provam as memórias de **Ludendorff** e de **Erzeberger** e outros documentos da derrota alemã. O programa wilsoniano estimulou o espírito revolucionário que fermentava na Áustria e na Alemanha; despertou na Boêmia e na Hungria antigos ideais de independência; criou, em suma, o estado de ânimo que engendrou a capitulação.

Mas Wilson ganhou a guerra e perdeu a paz. Foi o vencedor da guerra, mas foi o vencido da paz. Seus Quatorze Pontos minaram a frente austro-alemã, deram a vitória aos aliados; mas não conseguiram inspirar e dominar o tratado de paz. A Alemanha se rendeu aos aliados sobre a base do programa de Wilson; mas os aliados, depois de desarmá-la, lhe impuseram uma paz diferente da que, pela boca de Wilson, lhe haviam prometido solenemente. Keynes e Nitti sustentam, por isso, que o tratado de Versalhes é desonesto.

Por que Wilson aceitou e assinou esse tratado que viola sua palavra? Os livros de Keynes, de Lansing, de Tardieu e de outros historiadores da conferência de Versalhes explicam de maneiras diferentes essa atitude. Keynes diz que o pensamento e o caráter de Wilson "eram mais teológicos do que filosóficos, com toda a força e debilidade que implica essa ordem de idéias e sentimentos". Sustenta que Wilson não pôde lutar contra Lloyd George e Clemenceau, mais ágeis, flexíveis e astutos, alegando que carecia de um plano tanto para a Sociedade das Nações como para a execução de seus quatorze pontos. "Teria podido pregar um sermão sobre todos seus princípios ou dirigir uma magnífica pregação ao Todo Poderoso para sua realização. Mas não podia adaptar sua aplicação concreta ao estado de coisas europeu. Não só não podia fazer qualquer proposição concreta senão que a muitos respeitos se encontrava mal informado sobre a situação européia." Agia orgulhosamente isolado, quase sem consultar os técnicos de seu séquito, sem conceder a nenhum de seus lugares-tenentes, nem mesmo ao coronel House, uma influência ou uma colaboração reais em sua obra. Assim, os trabalhos da conferência de Versalhes tiveram como base um plano francês ou um plano inglês, aparentemente ajustados ao programa wilsoniano, mas na prática dirigidos à prevalência dos interesses da França e da Inglaterra. Wilson, finalmente, não se sentia respaldado por um povo solidarizado com sua ideologia. Todas essas circunstâncias o conduziram a uma série de transações. Seu único empenho consistiu em salvar a idéia da *Sociedade das Nações*. Acreditava que a criação da Sociedade das Nações asseguraria automaticamente a correção do tratado e de seus defeitos.

Os anos que se passaram desde a assinatura da paz foram adversos à ilusão de Wilson. A França não só fez do tratado de Versalhes um uso prudente, mas também excessivo. Poincaré e sua maioria parlamentar não o empregaram contra a casta aristocrática e militar alemã, mas sim contra o povo daquele país e ainda exasperaram a tal ponto o sofrimento da Alemanha que alimentaram nela uma atmosfera reacionária e jingoísta, propícia a uma restauração monárquica ou a uma ditadura militar. A Sociedade das Nações, impotente e anêmica, não conseguiu se desenvolver. A democracia, assaltada simultaneamente pela revolução e pela reação, entrou num período de crise aguda. A burguesia renunciou em alguns países à defesa legal de seu domínio, renunciou à sua fé democrática e enfrentou com sua ditadura a teoria da ditadura do proletariado. O fascismo administrou, no mais benigno dos casos, uma dose de um litro de óleo de rícino a muitos defensores da ideologia wilsoniana. Renasceu ferozmente na humanidade o culto do herói e da violência. O programa wilsoniano aparece na história desses tempos como a última manifestação vital do pensamento democrático. Wilson não foi, de forma alguma, o criador de uma ideologia nova, mas sim o frustrado renovador de uma velha ideologia.

HERBERT HOOVER[1]

O Sr. Herbert Hoover, candidato do Partido Republicano à Presidência dos Estados Unidos, dirige sua campanha eleitoral com a mesma fria e severa estratégia com que dirigia uma campanha econômica desde o Departamento de Comércio, ou, melhor ainda, desde sua escrivaninha de *business man*. É, ao que tudo indica, o melhor candidato que o Partido Republicano tinha para enfrentar Al Smith, o qual, como já vimos, é, por sua vez, o melhor candidato que o Partido Democrata poderia escolher entre seus dirigentes. Nenhum outro candidato permitiria aos democratas mobilizar seus eleitores com as mesmas probabilidades de vitória. Contra qualquer outro opositor, o candidato republicano estaria absolutamente seguro de sua eleição. Os dois grandes partidos confrontam seus melhores homens, como se diz na linguagem anglo-americana, de maneira um tanto esportiva.

Já tive a oportunidade de comentar[2] como, ao eleger Al Smith, a democracia norte-americana se manteria mais próxima de sua tradição – e conseqüentemente se mostraria, em certo sentido, mais conservadora – do que se escolhesse Hoover, já que o primeiro corresponderia ao modelo de administrador, governante e estadista que a república de **Washington, Lincoln** e **Jefferson** adotou invariavelmente como seu tipo presidencial, ainda que dentro da mais rigorosa política imperialista e plutocrática.

---

[1] Publicado originalmente com o título "Herbert Hoover y la campaña republicana" em *Variedades*, Lima, 3 de novembro de 1928.

[2] Mariátegui está se referindo ao artigo "Al Smith y la batalla democrata", publicado em *Variedades*, Lima, 28 de outubro de 1928.

Hoover procede diretamente do estado maior da indústria e das finanças. É pessoalmente um capitalista, um homem de negócios e tem a formação espiritual mais completa e característica de um líder industrial e financeiro do império ianque. Não vem de uma faculdade de humanidades ou de direito: é um engenheiro, modelado desde sua juventude pela disciplina tecnológica do industrialismo. Fez, recém-formado da universidade, seu aprendizado de colonizador nas minas da Austrália e da China. Na maturidade, como diretor de assistência, ampliou e completou na Europa sua experiência como defensor dos interesses imperiais dos Estados Unidos.

Esse último foi o cargo que impulsionou sua carreira política. Porque, sem ter passado pelo serviço público nem ter se mostrado competente nele, é evidente que nenhum *business man* norte-americano – ainda que numa época de extrema afirmação capitalista – estaria em condições de obter o voto de seus correligionários para a Presidência da República.

Por professar com entusiasmo e ênfase ilimitados o mais norte-americano individualismo, Hoover pertence sem dúvida – muito mais que Smith – à estirpe do *pioneer,* do colonizador, do capitalista. Seu protestantismo também faz de Hoover um homem da mais cabal filiação capitalista. Ele reivindica, com intransigência, a doutrina do Estado liberal, contra as inclinações intervencionistas e humanitárias do democrata Smith. Mas isso, nos tempos atuais, não significa propriamente fidelidade à economia liberal clássica: o individualismo de Hoover não é o da economia da livre concorrência, mas sim o da economia do monopólio, da cartelização. Contra as empresas, negócios e restrições estatais, Hoover defende as grandes empresas privadas. Por sua boca não fala o capitalismo liberal do período da livre concorrência, mas sim o capitalismo dos *trusts* e dos monopólios.

Hoover é um dos líderes da "racionalização da produção". Como uma de suas maiores realizações, lembramos de sua ação no Departamento de Comércio para conseguir a máxima economia na produção industrial, mediante a diminuição dos tipos de manufaturas e produtos. O mais cabal êxito de Hoover, como secretário do Comércio, consiste em ter conseguido reduzir de 66 para 4 as variedades de paralelepípedos; de 88 para 9 as de tipos de asfalto; de 1.351 para 496 as de limas e lixas; de 78 para 12 as de cobertores etc. Paradoxal destino o do governante individualista, nesta idade do capitalismo: trabalhar, com todas as suas forças, pela padronização, isto é, por um método industrial que reduz ao mínimo os tipos de artigos e manufaturas, impondo ao público e à vida a maior economia de individualismo.

Quiçá igualmente paradoxal seja o destino do capitalista e imperialista absoluto na ordem política. Contribuindo para que o processo capitalista se cumpra rigorosamente, sem preocupações humanitárias e democráticas, sem concessões oportunistas à opinião e à ideologia médias, um governante do tipo de Hoover provavelmente apressará, mais que um governante do tipo de Smith, o avanço da revolução e, portanto, a evolução econômica e política da humanidade. A experiência democrática demagógica da Europa ocidental parece confirmar plenamente a concepção soreliana da guerra de classes na economia e na política. O capitalismo precisa ser, vigorosa e energicamente, capitalista. Na medida em que se inspira em seus próprios fins, e que obedece a seus próprios princípios, serve ao progresso humano, muito mais que na medida em que os esquece, debilitada sua vontade de poder, diminuído seu impulso criador.

Hilferding, o ministro da socialdemocracia alemã – mais apreciável, sem dúvida, como teórico de *Finanzkapital* –, dizia há pouco tempo que, considerando que o capitalismo seguia em frente, não era possível duvidar de que avançava para a revolução, já que nada é mais revolucionário que o próprio capitalismo. A opinião de Hilferding – como convém à posição de um reformista um tanto cético – indica um determinismo demasiadamente mecanicista, incompatível com um verdadeiro espírito socialista e revolucionário. Mas é útil e oportuna sua citação nesse caso, como elemento de pesquisa sobre o destino da candidatura Hoover. Os que na política norte-americana agem numa perspectiva revolucionária podem admitir intimamente que a vitória de Hoover – dentro de uma ordem de circunstâncias que é a mais provável em um período de temporária estabilização capitalista – conviria mais à transformação final do regime econômico e social do mundo do que uma vitória do democrata Smith. Mas não lhes é dado nem permitido pensar nisso, senão com a condição de se opor com toda energia a uma vitória de Hoover, ainda que em troca de uma vitória de Smith. Porque a história quer que cada um cumpra, com máxima eficiência, seu próprio papel. E que não haja triunfo senão para os que são capazes de ganhá-lo com suas próprias forças, em inexorável combate.

Cartaz da Terceira Internacional Comunista

EUGENE V. DEBS[1]

a Waldo Frank

Eugene V. Debs, o velho Gene, como o chamavam seus camaradas norte-americanos, teve o elevado destino de trabalhar pelo socialismo no país onde o capitalismo é mais vigoroso e próspero e onde, por conseguinte, suas instituições e suas teses se apresentam mais sólidas e vitais. Seu nome preenche um capítulo inteiro do socialismo norte-americano, que, provavelmente contra a crença de muitos, não tem carecido de figuras heróicas. Daniel **DeLeón**, marxista brilhante e aguçado que dirigiu durante vários anos o Socialist Labour Party[2] e John **Reed**, militante de grande envergadura, que acompanhou Lenin nas primeiras jornadas da revolução russa e da Primeira Interna-

---

[1] Publicado originalmente em *Variedades*, Lima, 30 de outubro de 1926.

[2] Em 1876, foi fundado o Working Men's Party of the United States, que em 1877 mudou de nome para Socialist Labor Party. Na época de sua criação, o partido tinha em torno de 2.500 membros e era formado basicamente por imigrantes alemães, mesmo que sua intenção fosse penetrar no movimento operário norte-americano. Quando Daniel DeLeón entrou no Partido Socialista Operário, no começo da década de 1890, este possuía apenas 1.500 membros, com sedes em 26 estados, mas com a maioria dos militantes se concentrando em Nova York. Em 1891, das 100 seções do partido, 88 eram alemãs, seguidas pelos judeus e por uma minoria de grupos de militantes norte-americanos nascidos no país. No Comitê Executivo Nacional, apenas dois membros falavam inglês. Com a entrada de DeLeón no partido, houve um crescimento considerável de militantes e de influência no movimento operário do país. Em 1893, o partido proibiu a aliança com os populistas. No final do século XIX e começo do século XX, um grupo saiu do partido e deu origem ao Partido Socialista. O Partido Socialista Operário ainda chegou a participar na fundação e consolidação da IWW, mas perdeu sua influência ao longo do tempo.

cional[3], compartilham com Eugene Debs a cara e sombria glória de haver semeado a semente da revolução nos Estados Unidos.

Menos célebre que Henry Ford, cuja fama apregoam milhões de automóveis e *affiches* no mundo, Eugene Debs, de quem o telégrafo nos falou na ocasião de sua morte como uma figura "pitoresca", era um representante do verdadeiro espírito, da autêntica tradição norte-americana. As idéias e a obra do humilde e modesto agitador socialista influem na história dos Estados Unidos cem mil vezes mais que a obra e os milhões do fabuloso fabricante de automóveis. Naturalmente aqueles que imaginam que a civilização é apenas um fenômeno material não conseguem compreender isso. Mas a história dos povos não se preocupa, felizmente, com a surdez e miopia dessa gente.

Debs entrou na história dos Estados Unidos em 1901, ano em que fundou com outros líderes o partido socialista norte-americano. Dois anos mais tarde esse partido escolheu Debs como seu candidato à presidência da República. Essa não era, obviamente, nada mais que uma escolha romântica. O socialista norte-americano não vislumbrava nas eleições presidenciais nada mais que uma oportunidade de agitação e propaganda. O candidato vinha para ser unicamente aquele que encabeçaria a campanha.

O partido socialista adotou uma tática oportunista. Aspirava a ser o terceiro partido da política ianque, na qual, como se sabe, até as últimas eleições, não eram visíveis senão dois campos, o republicano e o democrata. Para realizar esse propósito, o partido transigiu com o reformismo medíocre e burocrático da Federação Americana do Trabalho[4], submetida ao "caciquismo" de Samuel **Gompers**. Essa orientação correspondia à mentalidade pequeno-burguesa da maioria do partido. Mas Debs, pessoalmente, se mostrou sempre superior a ela.

---

[3] Mariátegui, em realidade, está se referindo à Terceira Internacional.

[4] A AFL, American Federation of Labor, foi fundada em Columbus, Ohio, em 8 de dezembro de 1886, e elegeu Samuel Gompers como seu primeiro presidente. Os membros da AFL poderiam pedir auxílio da Central em greves, mas ainda assim poderiam continuar sendo sindicatos relativamente independentes. No começo da década de 1890 o número de membros aumentou bastante. Nesse período, Gompers foi se afastando do radicalismo e começou a defender políticas mais conservadoras, insistindo no aumento de salários e na melhoria das condições dos locais de traba-

Quando a guerra mundial produziu nos Estados Unidos uma crise do socialismo – pela adesão de uma parte de seus elementos ao programa de reorganização mundial em nome do qual Wilson lançou seu povo na contenda –, Debs foi um dos que sem vacilações ocuparam seu posto de combate.

Por sua propaganda antibélica, Debs, encarcerado e processado como derrotista, foi finalmente condenado a dez anos de prisão[5]. Até onde a censura havia permitido, Debs havia impugnado a guerra e denunciado seus motivos através da imprensa socialista. Mais tarde, havia continuado sua campanha em reuniões e comícios. Seus juízes encontraram motivo para lhe aplicar a lei de espionagem.

Desdenhoso e altivo, Debs não quis defender-se. "Não me importa o que foi deposto contra mim", declarou ao tribunal. "Não me preocupo em evadir-me de um veredito desfavorável, assim como não retiro nenhuma palavra de tudo que disse em Canton (localidade de Ohio onde pronunciou o discurso pacificista que precedeu sua prisão), ainda que soubesse que fazendo isso me salvaria de uma pena de morte. O imputado não sou eu! É a liberdade da palavra. Diante do júri estão hoje as instituições republicanas. O veredicto corresponde ao futuro."[6]

O velho agitador escutou, sem comover-se com a sentença de seus juízes. Despediu-se de seus amigos presentes na audiência com estas palavras: "Di-

---

lho. A AFL não apoiou a candidatura de Eugene Debs à Presidência do país. A Central, porém, apoiou a entrada dos Estados Unidos na Primeira Guerra Mundial. Em 1920, a AFL tinha em torno de 3.250.000 filiados. Foi a maior central sindical do país na época.

[5] Em 29 de maio de 1918, o procurador federal de Ohio E. S. Wertz conseguiu indiciar Debs por dez violações da Lei de Espionagem. Detido em Cleveland, Debs passou uma noite encarcerado, sendo solto em seguida, após pagar uma fiança de US$ 10.000. O julgamento foi marcado para 9 de setembro. Debs foi acusado, na ocasião, por apenas duas violações. Durante todo o julgamento, Debs insistiu em manter suas posições políticas, exaltando os líderes bolcheviques e defendendo o direito à liberdade de expressão. Foi considerado culpado, e no dia 14 de setembro recebeu do juiz D. C. Westenhaver a pena de dez anos de prisão. Debs não teve que cumprir toda a sentença. Foi libertado da prisão federal de Atlanta em dezembro de 1921.

[6] Referência ao discurso pronunciado por Eugene Debs na Convenção Estadual do Partido Socialista para mil pessoas em Canton, Ohio, no dia 15 de junho de 1918.

gam aos camaradas que entro no cárcere como ardente revolucionário, a cabeça erguida, o espírito intacto, a alma inconquistada".

Na prisão, Debs recebeu honrosas demonstrações de solidariedade de homens livres e excepcionais e das massas proletárias da Europa. Uma vez perguntado sobre os motivos pelos quais se negava a visitar os Estados Unidos, Bernard Shaw respondeu que nesse país o único lugar digno dele era o mesmo em que se encontrava seu amigo e correligionário Eugene Debs: o cárcere. A prisão de Debs foi considerada, por todas as consciências honradas do mundo, como a maior mancha do governo Wilson.

Nas eleições de 1920, Eugene Debs foi mais uma vez o candidato presidencial dos socialistas norte-americanos. As forças socialistas se encontravam divididas pela crise pós-bélica que havia acentuado o conflito entre os partidários da reforma e os instigadores da revolução. Não obstante, o nome de Debs recebeu no país cerca de um milhão de votos. Esse milhão de eleitores praticamente não votava. A luta pela presidência estava limitada a **Harding**, candidato dos republicanos, e Cox, candidato dos democratas. Os que votavam em Debs protestavam contra o Estado capitalista. Votavam contra o presente, e pelo futuro.

Finalmente anistiado, Debs encontrou virtualmente concluída sua missão. Os espíritos e as coisas haviam sido mudados pela guerra. Na Europa discutia-se o problema da revolução. Nos Estados Unidos se formava uma corrente comunista sob um capitalismo ainda onipotente. Havia começado um novo capítulo da história do mundo. Debs não estava em tempo de recomeçar. Era um sobrevivente da velha guarda. Seu destino histórico havia terminado com o heróico episódio de sua prisão.

Mas isso não diminui a importância de Debs. Seu destino não era o de um triunfador. E ele o sabia muito bem, desde os distantes e nebulosos anos em que, consciente de seu fardo, o aceitou com alegria. Abraçou o socialismo, a causa de Espartacus, numa época em que a estrela do capitalismo brilhava vitoriosa e esplêndida. Não se vislumbrava o dia da revolução. Mais do que isso, sabia-se que estava muito remoto. Porém era necessário que houvesse aqueles que acreditassem nele. E Debs quis ser um de seus confessores, um de seus enunciadores.

Para os cortesãos do êxito, uma vida de textura tão heróica talvez não tenha sentido. Eugene Debs pode não ser para eles nada mais que uma figura "pito-resca", como há poucos dias assim o chamou um jornalista qualquer. Mas o veredicto sobre esses homens felizmente não é pronunciado pelos jornalistas e menos ainda pelos jornalistas norte-americanos. Como já disse Debs, corresponde ao futuro.

JEAN JAURÈS[1]

Jaurès é a mais elevada, nobre e digna figura da Troisième République. Ele provinha de uma família burguesa, debutando na política e no Parlamento nos quadros do radicalismo. Mas a atmosfera ideológica e moral dos partidos burgueses não demorou a desencantá-lo, enquanto o socialismo exercia sobre seu espírito forte e combativo uma atração irresistível. Jaurès se alistou nas fileiras do proletariado, embora sua atitude, nos primeiros tempos, tenha sido colaboracionista: acreditava que os socialistas não deviam excluir de seu programa a colaboração com um ministério da esquerda burguesa. Mas, desde que a Segunda Internacional, em seu Congresso de Amsterdam, rechaçou essa tese sustentada por vários líderes socialistas, Jaurès acatou disciplinadamente a decisão. Leon Trotsky, em um sagaz ensaio sobre a personalidade do grande tribuno, escreve o seguinte: "Jaurès havia entrado no partido já homem maduro, com uma filosofia idealista completamente formada. Isso não o impediu de curvar seu potente pescoço (Jaurès era de uma complexão atlética) sob o jugo da disciplina orgânica, e várias vezes teve a obrigação e a ocasião de demonstrar que não somente sabia mandar, mas também submeter-se".

Jaurès dirigiu as mais brilhantes batalhas parlamentares do socialismo francês. Contra seu parlamentarismo e democratismo, insurgiram-se os teóricos e os agitadores da extrema esquerda proletária. Georges **Sorel** e os sindicalistas, por exemplo, denunciaram essa *praxis* como uma deformação do espírito revolucionário do marxismo. Mas o movimento operário, nos tempos pré-béli-

---

[1] Publicado originalmente com o título "Jaurès y la Tercera República" no livro *La escena contemporánea*, Lima, Minerva, 1925.

cos, como foi dito muitas vezes, não se inspirou em Marx nem em **Lassalle**. Não foi revolucionário, mas sim reformista. O socialismo se desenvolveu inserido na democracia. Não pôde, conseqüentemente, deixar de influenciar-se pela mentalidade democrática. Os líderes socialistas tinham que propor às massas um programa de ação imediato e concreto, como único meio de enquadrá-las e educá-las dentro do socialismo. Muitos deles acabaram perdendo, nessa tarefa, toda a energia revolucionária. A *praxis* os afastou da teoria. Mas não é possível confundir Jaurès com esses revolucionários domesticados. Uma personalidade tão forte como a sua não podia se deixar corromper nem irritar por aquele ambiente democrático. Jaurès foi reformista como o socialismo de seu tempo, mas deu sempre à sua obra reformista uma meta revolucionária.

Pôs sua inteligência profunda, sua rica cultura e sua indomável vontade a serviço da revolução social. Sua vida foi entregue completamente à causa dos humildes. Todas as tribunas do pensamento, como livros, jornais, o Parlamento e o comício foram usadas por Jaurès em sua longa carreira de agitador: fundou e dirigiu o diário *L'Humanité*, pertencente na atualidade ao Partido Comunista; escreveu muitos volumes de crítica social e histórica; e produziu, com a ajuda de alguns estudiosos do socialismo e de suas raízes, uma obra poderosa: a *História socialista da Revolução Francesa*.

Nos oito volumes dessa história, Jaurès e seus colaboradores enfocam os episódios e o panorama da Revolução Francesa de pontos de vista socialistas. Estudam a revolução como fenômeno social e econômico sem contudo ignorar ou diminuir seu aspecto espiritual. Jaurès nessa obra, como em toda a sua vida, conserva sua atitude e posição idealista. Ninguém mais infenso, nem mais adverso a um materialismo frio e dogmático que Jaurès. Sua crítica projeta sobre a Revolução de 89 uma nova luz. Assim, a Revolução Francesa adquire em sua obra um contorno nítido. Foi uma revolução da burguesia, porque não pôde ser feita pelo proletariado, que ainda não existia, na época, como classe organizada e consciente. Os proletários se confundiam com os burgueses no estado primitivo, no *povo*. Careciam de um ideário e de uma direção classistas. Não obstante, durante os dias polêmicos da revolução, falou-se de pobres e de ricos. Os jacobinos e os babouvistas reivindicaram os direitos da plebe. De muitos pontos de vista, a revolução foi um movimento dos *sans culottes*: ela se apoiou nos camponeses, que constituíam uma categoria social bem definida, enquanto o proletariado urbano estava representado pelo artesão, no qual prevalecia um espírito pequeno-burguês. Não havia ainda grandes fábricas, grandes indústrias. Faltava, em suma, o instrumento de uma revolução socialista. O socialismo, ademais, não havia encontrado ainda seu método: era uma nebulosa de utopias confusas e abstratas. Sua germinação, seu amadurecimento não podiam ocorrer senão dentro de uma época de desenvolvimento capitalista. Assim como na entranha da ordem feudal se gestou a ordem burguesa, na entranha da ordem burguesa deveria se gestar a ordem proletária. Finalmente, da Revolução Francesa emanou a primeira doutrina comunista: o babouvismo.

O tribuno do socialismo francês, que demarcou assim a participação material e espiritual do proletariado na Revolução Francesa, era um idealista, mas não um utópico. Os motivos de seu idealismo estavam em sua educação, em seu temperamento e em sua psicologia. Não se combinava com sua mentalidade um socialismo esquemático e secamente materialista. Daí, em parte, seus contrastes com os marxistas e sua adesão honrada e sincera à idéia da democracia. Trotsky dá uma definição muito exata de Jaurès nas seguintes linhas: "Jaurès entrou na arena política na época mais sombria da Terceira República, que não contava então senão com uma quinzena de anos de existência e que, desprovida de tradições sólidas, tinha que lutar contra inimigos poderosos. Lutar pela República, por sua conservação, por sua *depuração*, essa a idéia fundamental de Jaurès, a que inspirava toda a sua ação. Jaurès buscava para a República uma base social mais ampla; queria levá-la ao povo para fazer do Estado republicano o instrumento da economia socialista. O socialismo era para ele o único meio seguro de consolidar e completar a República. Em sua aspiração infatigável da síntese idealista, Jaurès foi, em sua primeira fase, um democrata pronto a adotar o socialismo; e, em sua última fase, um socialista que se sentia responsável por toda a democracia".

O assassinato de Jaurès encerrou um capítulo da história do socialismo francês. O socialismo democrático e parlamentar perdeu nesse momento seu grande líder. A guerra e a crise pós-bélica vieram mais tarde a invalidar e a desacreditar o método parlamentar. Toda uma época, toda uma fase do socialismo terminaram com Jaurès.

A guerra encontrou Jaurès em seu posto de combate. Até o último instante ele trabalhou, com todas as forças, pela causa da paz. Seu verbo ecoou contra o grande crime em Paris e em Bruxelas. Somente a morte pôde afogar sua eloqüente voz acusadora.

Coube a Jaurès ser a primeira vítima da tragédia. A mão de um obscuro nacionalista, armada moralmente pela *Action Française* e por toda a imprensa reacionária, abateu o maior homem da Terceira República. Mais tarde, a Terceira República iria renegá-lo, absolvendo o assassino.

ANATOLE FRANCE [1]

O crepúsculo de Anatole France foi o ocaso de uma vida clássica. Anatole France morreu lenta e integramente, sem pressa nem tormentos, como ele havia se proposto a terminar seus dias. O itinerário de sua carreira foi sempre ilustre: nunca se atrasou nem se antecipou, e chegou pontualmente a todas as estações da imortalidade. Sua apoteose foi perfeita, cabal, exata, como os períodos de sua prosa. Nenhum rito, nenhuma cerimônia deixou de ser cumprida. À sua glória não faltou nada: nem a cadeira da Academia Francesa nem o Prêmio Nobel.

Anatole France não era um agnóstico na guerra de classes, tampouco um escritor sem opiniões políticas, religiosas e sociais. No conflito que esgarça a sociedade e a civilização contemporâneas, não se intimidou em tomar partido. Estava pela revolução e com a revolução. "Do fundo de sua biblioteca", como disse uma vez um jornal francês, "abençoava os atos da grande Virgem". Os jovens o amavam por isso.

Mas o apoio a France, nestes tempos de beligerância acirrada, vai da extrema direita à extrema esquerda. Tanto reacionários como revolucionários aderem ao mestre.

Não existiram, contudo, dois Anatole France, um para uso externo da burguesia e da ordem, outro para deleite da revolução e de seus realizadores. O fato é que a personalidade de France tem diversas facetas e matizes. Assim, cada segmento do público se dedica a admirar seu traço predileto. Os velhos e moderados leram, por exemplo, *La rôtisserie de la Reine Pédauque* e depois

---

[1] Publicado originalmente no livro *La escena contemporánea*, Lima, Minerva, 1925.

saborearam, como um licor aristocrático, *Les opinions de Jérôme Coignard*. Os jovens, entretanto, gostaram de ver France em companhia de Jaurès ou entre os admiradores de Lenin.

Anatole France nos surge um pouco mais complexo do que geralmente a crítica e seus lugares-comuns nos fazem crer. Viveu sempre num mesmo clima, ainda que tenham passado por sua obra diversas influências. Escreveu durante mais de cinqüenta anos, em tempos muito versáteis, velozes e cambiantes. Sua produção, conseqüentemente, corresponde às distintas estações de sua época heteróclita e cosmopolita. Primeiro, ela indica um gosto parnasiano, ático e preciosista; em seguida, obedece a uma intenção dissolvente, niilista, negativa; e, depois, adquire uma afeição à utopia e à crítica social. Mas, sob a superfície ondulante dessas manifestações, mantém uma linha persistente e duradoura.

Anatole France pertence a uma época indecisa, fatigada, em que amadurecia a decadência burguesa. Seus livros mostram um temperamento classicamente educado, nutrido de antiguidade, recheado de romantismo, afetado, elegante e gozador. Ele não chega ao ceticismo e ao relativismo da atualidade: suas dúvidas e negações têm matizes benignos e estão muito distantes da desesperança incurável e profunda de **Andreiev**, do pessimismo trágico de *O inferno* de **Barbusse**, e da zombaria amarga e dolorosa de *Vestir o despido* e outras obras de **Pirandello**. Anatole France fugia da dor. Sua alma era grega, enamorada da serenidade e da graça e sua carne, sensual, como daqueles pretensos abades liberais, um pouco voltairianos, que conheciam os gregos e latinos mais do que o evangelho cristão e amavam a boa mesa sobre todas as coisas. Era sensível à dor e à injustiça, mas, por não gostar da idéia que existissem, tratava de ignorá-las. Punha sobre a tragédia humana a frágil espuma de sua ironia. Sua literatura é delicada, transparente e pura como o champanhe. É o champanhe melancólico, como o capitoso e perfumado vinho da decadência burguesa, e não o amargo licor da revolução proletária. Tem contornos elegantes e aromas aristocráticos. Os títulos de seus livros são de um gosto refinado e até decadente: *O estojo de nácar, O jardim de Epicuro, O anel de ametista* etc. Que importa que sob a capa de *O anel de ametista* se oculte uma desrespeitosa intenção anticlerical? O fino título e o estilo rebuscado são suficientes para ganhar a simpatia e o consenso da opinião burguesa. A emoção social, o pulsar trágico da vida contemporânea ficam fora dessa literatura. A pena de

France não sabe apreendê-los. Nem sequer o tenta. A alma e as paixões da multidão lhe escapam. "Seus finos olhos de elefante" não sabem penetrar na entranha escura do povo; suas mãos polidas jogam felinamente com as coisas e os homens da superfície. France satiriza a burguesia, a rói, a morde com seus dentes agudos, brancos e maliciosos; mas a anestesia com o ópio sutil de seu estilo erudito e musical, para que não sinta demasiadamente sua crítica.

Exagera-se muito sobre o niilismo e o ceticismo de France, que, na verdade, são assaz leves e suaves. Ele não era tão incrédulo como parecia. Impregnado de idéias evolucionistas, acreditava no progresso quase ortodoxamente. O socialismo para ele era uma etapa, uma estação do Progresso. O valor científico do socialismo o comovia mais que seu prestígio revolucionário. Pensava que a revolução viria; mas que viria quase a prazo fixo. Não sentia nenhum desejo de acelerá-la nem de precipitá-la. A revolução lhe inspirava um respeito místico, uma adesão um pouco religiosa. Essa adesão não foi, certamente, um episódio de sua velhice. France duvidou durante muito tempo; mas no fundo de sua dúvida e de sua negação pulsava uma ânsia imprecisa de fé. Nenhum espírito que se sente vazio deixa de tender, finalmente, a um mito, a uma crença. A dúvida é estéril e nenhum homem se conforma estoicamente com a esterilidade. Anatole France nasceu demasiadamente tarde para crer nos mitos burgueses; demasiadamente cedo para renegá-los plenamente. Foi sujeitado a uma época que não amava, ao pesado juízo do passado e aos sedimentos de sua educação e de sua cultura, carregados de nostalgias estéticas. Sua adesão à revolução foi mais um ato intelectual do que espiritual.

As esquerdas sempre tiveram satisfação em reconhecer Anatole France como uma de suas figuras. Somente por causa de seu jubileu, comemorado quase unanimemente por toda a França, é que os intelectuais da extrema esquerda sentiram a necessidade de diferenciar-se claramente dele. A revista *Clarté* negou "ao niilista sorridente, ao cético florido" o direito à homenagem da revolução. "Nascido sob o signo da democracia", dizia *Clarté*, "Anatole France fica inseparavelmente unido à Terceira República". Agregava que "as pequenas tempestades e as medíocres convulsões desta compunham um dos principais materiais de sua literatura e que seu ceticismo era um 'pequeno truque' ao alcance de todas as bolsas e de todas as almas: em suma, era o efeito da mediocridade circundante".

Mas, apesar dessas críticas e discrepâncias, nada mais falso do que a imagem de um Anatole France excessivamente burguês, patriota e acadêmico, que nos preparam e servem as cozinhas da crítica conservadora. Não, Anatole France não era tão pouca coisa. Nada lhe teria humilhado e afligido mais em vida do que a idéia de merecer da posteridade esse julgamento. A justiça dos pobres, a utopia e a heresia dos rebeldes tiveram sempre em France um defensor. Dreyfusista com **Zola** há muitos anos, *clartista* com Barbusse há pouco tempo, o velho e maravilhoso escritor se insurgiu sempre contra a antiga ordem social. Em todas as cruzadas do bem ocupou seu posto de combate. Quando o povo francês pediu a anistia de Andrés Marty, o marinheiro do mar Negro que não quis atacar a Odessa comunista, Anatole France proclamou o heroísmo e o dever da indisciplina e da desobediência perante uma ordem criminosa. Vários de seus livros, como *Opiniões sociais*, *Rumo aos novos tempos* etc., assinalam à humanidade as vias do socialismo.

Outra obra sua, *Sobre a pedra branca*, que faz considerações sobre o futuro e a utopia, é um dos melhores documentos de sua personalidade: todos os elementos de sua arte se concertam e combinam nessas páginas admiráveis. Seu pensamento, alimentado de recordações da antiguidade clássica, explora o futuro distante a partir de um antigo cenário. As *dramatis personae* da novela, pessoas seletas, agradáveis e intelectualizadas, de uma alma ao mesmo tempo antiga e moderna, movem-se num ambiente à altura da literatura do mestre. Um dos personagens é autenticamente real e contemporâneo: é Giacomo Boni, o arqueólogo do Foro Romano, a quem encontrei mais de uma vez em alguma aula ou em algum claustro de Roma. O enredo do romance é uma discussão erudita entre Giacomo Boni e seus colegas. O colóquio evoca Galión, governador da Grécia, filósofo e literato romano, que, encontrando-se com São Paulo, não soube entender sua estranha linguagem tampouco pressentir a revolução cristã que chegava. Toda a sua sabedoria e talento eram insignificantes perante sua incapacidade – superior a suas forças – de enxergar São Paulo como uma figura além de um judeu fanático, incoerente e sujo. Dois mundos estiveram nesse encontro frente a frente sem se conhecer nem se compreender. Galión desprezou São Paulo como protagonista da História; mas a História deu razão ao mundo de São Paulo e condenou o mundo de Galión. Não há nesse quadro uma antecipação da nova filosofia da História? Assim, os personagens de Anatole France se entretêm numa previsão da futura sociedade proletária e calculam que a revolução chegará até o fim de nosso século.

A previsão foi excessivamente tímida e modesta. Giacomo Boni e Anatole France tiveram a oportunidade de assistir, no ocaso dourado de sua vida, à alvorada sangrenta da revolução.

André Gide, um dos fundadores da *Nouvelle Revue Française*.

ANDRÉ GIDE[1]

Não é possível falar da *Nouvelle Revue Française* sem falar de André Gide. A *NRF* foi fundada por Gide e seus amigos há dezesseis anos. Em pouco tempo, sob a égide de Gide, ela se colocou à cabeça de todas as revistas de letras da França. Sua tendência e seu estilo correspondiam plenamente ao humor da época. Mas na atualidade Gide não dirige mais a *NRF.* Essa revista não continua monopolizando a representação da modernidade e seus grandes nomes. Outras revistas, como a *Europe*[2], por exemplo – muito moderna e européia –, começam a substituí-la no gosto do público. A *NRF,* mais que uma grande revista, é uma grande casa editorial, é a Livraria Gallimard. Na história da *NRF* terminou o capítulo André Gide. O protagonista do novo capítulo não é um literato, e sim um livreiro, Gaston **Gallimard**. Não obstante, André Gide continua sendo para todo mundo o caudilho, o verbo e a alma da *NRF.*

Nem a revista nem as edições de Gaston Gallimard podem ser declaradas propriedade de uma escola ou de um grupo. Como diz François **Mauriac**, a *NRF* fez de certa forma um truste de todos os valores franceses de hoje. Gallimard edita livros de escritores tão diversos como Paul **Claudel** e Marcel **Prévost**, André Gide e Charles-Louis **Philippe**, Georges **Duhamel** e Paul **Morand**. A *NRF* é, atualmente, por seu elenco de autores e de obras, a editora número 1 da França. O segredo do seu êxito é ter na mesma revista uma dispa-

---

[1] Publicado originalmente com o título "André Gide y la 'Nouvelle Revue Française'" em *Variedades*, Lima, 14 de novembro de 1925.

[2] Mariátegui publicou o breve artigo "*Europe*, revista de la cultura internacional", em *Variedades*, Lima, 21 de novembro de 1925.

ridade e pluralidade de credos e de gêneros. Na *Nouvelle Revue Française* se juntam o *dandismo* dos decadentes e o misticismo dos revolucionários; ela aloja o nacionalismo de **Montherlant**, o tradicionalismo de **Ghéon**, o cosmopolitismo de **Mac Orlan** e Valéry **Larbaud**, o classicismo de Paul **Valéry**, o revolucionarismo de Jean-Richard **Bloch**, o super-realismo de **Delteil** e de **Éluard** etc. A *NRF* edita, por outro lado, a *Revue Juive*, demasiadamente internacional para que se lhe dirija uma acusação específica de gidismo. Seus primeiros números nos apresentaram alguns escritos desconhecidos de **Proust** (revelar algum inédito de Proust é algo obrigatório para toda nova revista francesa) e textos inéditos de Henri Franc.

Mas, na consciência de seus críticos e do público, nada disso consegue separar a *NRF* de André Gide. Ainda que as edições de Gallimard sejam uma conseqüência da revista que lhes empresta seu nome, os críticos e o público distinguem as novas edições das antigas. A editora é uma coisa, a revista é outra, por mais que a editora abra suas portas de preferência aos escritores da revista. E na *Nouvelle Revue Française* o gidismo, em diferentes doses, imprime à revista seu caráter. A *NRF* reúne em suas páginas muitos escritores diferentes. Mas os que dão sua linha são Gide e seus discípulos. Jacques **Rivière** – morto há pouco –, sucessor de Gide na direção da revista, era um caso genuíno de gidismo. Pode-se dizer que, através de Rivière, Gide continuou dirigindo a *NRF*. Na casa da *Nouvelle Revue Française* adora-se a Gide e a Proust como aos deuses pagãos, nos quais se reconhece a crítica dos fenômenos solidários e consangüíneos da moderna literatura francesa.

Existe – ao menos segundo seus críticos – um espírito *NRF*, ou seja, um espírito André Gide. Quais são suas características? O gordo Henri Béraud, autor de *O martírio do obeso*, qualifica-o de esnobismo huguenote. Outro escritor o designa com o termo mais ou menos equivalente de "calvinismo intelectual". Mas essas expressões, se é verdade que sugerem algo, não definem nada. Mais categóricos, mais precisos são o romancista Roland **Dorgelès** e o polemista Henri Massis, ambos católicos. Dorgelès condena André Gide, não somente em nome do espírito católico, "senão em nome de sua saúde moral". "Nós somos pelo menos tônicos", explica; "ele é a favor do veneno. Ele crê iluminar as almas. Que erro. Ele as turva. Não são as virtudes o que lhe interessa; são as taras. O mal tem mais atração que o bem e por isso tantos jovens vão a Gide. Mas estou tranqüilo: eles o deixarão. Sua moda passará como tantas outras." Massis considera "a desordem da jovem literatura" como uma conseqüência do subjetivismo filosófico. Observa Massis que para os escritores da *NRF* não parecem existir senão realidades psicológicas. "O *eu*: aqui está o único objeto, a única realidade cognoscível. Esses escriváos são, antes de tudo, críticos e não criadores. Em suas obras não há acontecimentos nem personagens; não acontece nada. Podem essas obras aspirar a enriquecer nossa humanidade? Pois é isso o que faz uma obra verdadeiramente clássica. Mas faz falta uma sociedade; pois bem, desde a revolução romântica, não existe na França um espírito público que equilibre o individualismo do artista; este se afunda cada vez mais na singularidade: a arte está cada vez menos em contato com o meio social."

Nesses termos expõem sua posição perante a *NRF* os representantes da tradição. Na polêmica entre a *NRF* e seus impugnadores pode-se ver o conflito entre o classicismo e o romantismo. Maurras define a nova poesia francesa como "a cauda da cauda do simbolismo". Para os escritores da *Action Française*, na política e na literatura todos os males vêm da revolução. Basta voltar à escola clássica e à tradição monárquica para que as letras recobrem seu equilíbrio. Essa observação os empurra ao repúdio integral e absoluto de mais de um século de história humana. Ou seja, ao mais radical e bizarro de todos os romanticismos. Mas, em sua crítica do espírito da literatura de Gide, às vezes surgem princípios que – ainda que isso pareça absurdo – podem ser aceitos por uma crítica revolucionária. A literatura moderna sofre, realmente, uma crise de individualismo e de subjetivismo. Gide é um signo dessa crise. A esse respeito, os revolucionários não têm dificuldade para se declarar de acordo com os tradicionalistas. O acordo acaba violentamente quando o diagnóstico passa ao tratamento. Os tradicionalistas crêem que São Tomás e a Igreja podem impor sua disciplina às almas inquietas e turvadas dos artistas. Os revolucionários sorriem perante esse anti-romanticismo romântico. Pensam e sentem que somente de uma nova fé pode nascer uma disciplina nova. Muito se escreveu, nos últimos tempos, em revistas e jornais franceses contra Gide e a *NRF.* Henri Béraud contestou o direito de Gide se classificar entre os continuadores da língua francesa. Expurgando a obra de Gide, o terrível Béraud encontrou algumas deficiências gramaticais. Mas esses e outros ataques do mesmo gênero não têm senão um valor anedótico. A obra de Gide não pode ser assassinada a partir de uma encruzilhada da gramática e da academia. Os juízos dignos de ser tomados em consideração são os que partem de pontos de vista políticos e filosóficos.

É absurdo e grosseiro empenhar-se em demonstrar que Gide escreve mal. Ou, pelo menos, que não escreve bem. A despeito de qualquer negligência gramatical de uma ou outra de suas páginas, sua obra é técnica e esteticamente a de um mestre da literatura francesa contemporânea. Os reparos que podem e devem ser feitos são de outra ordem. Uma crítica penetrante tem que classificá-la, por exemplo, como uma obra de influência dissolvente. Gide representa na França, espiritual e intelectualmente, uma força de dissolução e de anarquia. Um homem de alma apaixonada e de inteligência construtiva não encontra em seus livros nada que alimente sua fé nem estimule sua disposição. Gide enerva e afrouxa os nervos como um banho morno. Não sai nunca de um livro de Gide senão um pouco de laxidão voluptuosa. O autor de *L'enfant prodigue* e *La pastoral* contagia uma espécie de apatia elegante.

Não é prematuro predizer o próximo ocaso de sua influência. Dorgelès tem razão. A moda de Gide passará como tantas outras. Em parte não é mais que um reflexo do êxito de Proust e do apogeu do romance psicológico. A *NRF*, se quiser sobreviver ao gidismo, não terá outro remédio a não ser renovar-se. A morte de Jacques Rivière facilita provavelmente sua evolução. Uma grande editora está obrigada a ser um pouco oportunista. E já temos visto como, na atualidade, a *NRF* mais que uma revista é uma editora. A mais importante editora francesa.

JACQUES SADOUL[1]

Enfoquemos o caso Jacques Sadoul. O nome do capitão Jacques Sadoul, por ter sido divulgado pelo telégrafo, é conhecido no mundo inteiro. Já a figura é menos notória. Mas merece, não obstante – muito mais que outras figuras de ocasião –, a atenção de seus contemporâneos. Henri Barbusse o considera "uma das mais honestas figuras deste tempo". Sadoul é, segundo o autor de *O fogo,* um dos lutadores a quem mais devemos amar. André Barthon, seu advogado perante o Conselho de Guerra, crê que Sadoul "foi um momento da consciência humana".

Um Conselho de Guerra condenou Sadoul à pena capital em outubro de 1919; um Conselho de Guerra o absolveu em 1925. Ele não foi anistiado como Caillaux por uma maioria parlamentar amiga. A mesma justiça militar que ontem o declarou culpado hoje o considerou inocente. Sua reabilitação é mais completa e perfeita que a reabilitação de Caillaux.

Qual foi o "crime" de Sadoul? "Meu único crime", disse o acusado a seus juízes militares de Orléans, "é o de haver sido clarividente e contrário a meu chefe Noulens". Toda a responsabilidade de Sadoul aparece, na verdade, como a responsabilidade de uma clarividência.

Sadoul, amigo e colaborador de Albert Thomas, ministro de Munições e de Armamentos do governo da *união sagrada*, foi enviado à Rússia em setembro de 1917. O governo de Kerensky entrava então em sua última fase. Sua sorte preocupava profundamente os aliados. Kerensky já havia se mostrado incapaz

---

[1] Publicado originalmente com o título "El caso Jacques Sadoul" no livro *La escena contemporánea,* Lima, Minerva, 1925.

de dominar e de conduzir a revolução – e sem condições, por conseguinte, de reorganizar e reanimar a frente russa. A embaixada francesa, presidida por Noulens, estava integralmente composta de diplomatas de carreira, de homens da alta sociedade. Essa gente, brilhante e decorativa num ambiente de festas e intrigas elegantes, era absolutamente inadequada num ambiente revolucionário. Fazia falta na embaixada um homem de espírito novo, de inteligência inquieta, de juízo penetrante, um homem habituado a entender e a pressentir o estado de ânimo das multidões, que não tivesse repugnância ao *demos* nem à praça, com capacidade para tratar as idéias e os homens de uma revolução. O capitão da reserva Jacques Sadoul, socialista moderado, possuía essas condições. Militava no Partido Socialista, que na época tomava parte no ministério. Intelectual e advogado, procedia ademais da mesma escola socialista que deu tantos colaboradores à burguesia. Na guerra, havia cumprido com seu dever de soldado. O governo francês o julgou, por essas razões, indicado para o cargo de encarregado político na embaixada.

Mas veio a Revolução de Outubro. Sadoul achou melhor agir próximo de um governo de ousados e vigorosos revolucionários como Lenin e Trotsky – um governo detestável para o gosto de uma embaixada que, naturalmente, cultivava nos salões a amizade do antigo regime – do que de comedidos e hamletianos democratas como Kerensky. Noulens e seu séquito, em rigoroso acordo com a aristocracia russa, pensaram que o governo dos sovietes não poderia durar. Consideraram a Revolução de Outubro um episódio tumultuoso que o bom senso russo – solicitamente estimulado pela diplomacia da Entente – daria um jeito de acabar em breve. Sadoul se esforçou em vão por tentar esclarecer a embaixada, mas Noulens não queria nem podia ver nos bolcheviques os criadores de um novo regime russo. Enquanto Sadoul trabalhava para obter um entendimento com os sovietes – que evitasse a paz separada da Rússia com a Alemanha –, Noulens alentava as conspirações dos mais convictos e iludidos contra-revolucionários. A Entente, a seu juízo, não devia negociar com os bolcheviques. Tendo em vista que a decomposição e a derrubada de seu governo eram iminentes, a Entente devia, pelo contrário, ajudar a quem se propunha apressá-los. Até a véspera da paz de Brest Litovsk, Sadoul lutou para induzir seu embaixador a oferecer aos sovietes os meios econômicos e técnicos para continuar a guerra. Uma palavra oportuna ainda poderia deter a paz separada. Os chefes bolcheviques capitulavam consternados perante as brutais condições da Alemanha. Teriam preferido combater por uma paz justa entre todos os povos beligerantes. Trotsky, sobretudo, mostrava-se favorável ao acordo defendido por Sadoul. Mas o fátuo embaixador não compreendia nem percebia nada disso. Não se dava conta, em absoluto, de que a revolução bolchevique, boa ou má, era de todo modo um fato histórico. Temeroso de que os informes de Sadoul impressionassem o governo francês, Noulens evitou transmiti-los telegraficamente.

Os informes de Sadoul chegaram, não obstante, à França. Ele escrevia, freqüentemente, ao ministro Albert Thomas e aos deputados socialistas Longuet, Lafont e Pressemane. Essas cartas, oportunamente, chegaram ao conhecimento de **Clemenceau,** mas não conseguiram, obviamente, atenuar sua feroz hostilidade contra os sovietes. Clemenceau era da mesma opinião de Noulens. Os bolcheviques não podiam conservar o poder. Era fatal, imperioso e urgente que o perdessem.

Clemenceau deu razão a seu embaixador. Sadoul atraiu todas as iras do poder. A embaixada esteve a ponto de mandá-lo em comissão para a Sibéria, como um meio de livrar-se dele e de castigar a independência e a honradez de seus juízos. Isso teria ocorrido se uma grave circunstância não o tivesse desaconselhado. O capitão Sadoul lhe servia de pára-raios em meio à tempestade bolchevique. À sua sombra, a embaixada manobrava contra o novo regime. Os serviços de Sadoul – convertido em um mediador perante os bolcheviques – mostravam-se necessários. Mas o jogo foi finalmente descoberto. A embaixada teve que sair da Rússia.

A revolução, no entanto, havia se apoderado cada vez mais de Sadoul. Desde o primeiro instante, ele havia compreendido seu alcance histórico. Mas, impregnado de uma ideologia democrática, não havia decidido ainda aceitar seu método. A atitude das democracias aliadas perante os sovietes se encarregou de desvanecer suas últimas ilusões democráticas. Sadoul viu a França republicana e a Inglaterra liberal, ex-aliadas do despotismo asiático do czar, encarniçarem-se raivosamente contra a ditadura revolucionária do proletariado. O contato com os líderes da revolução lhe permitiu, ao mesmo tempo, dar a eles seu valor. Lenin e Trotsky se revelaram a seus olhos e a sua consciência, em um momento em que a civilização os rechaçava, como dois homens de valor excepcional. Sadoul, possuído pela emoção que estremecia a alma russa, entregou-se gradualmente à revolução. Em julho de 1918 escrevia a seus amigos, a Longuet, a Thomas, a Barbusse, a Romain Rolland: "Como a maior parte de nossos camaradas franceses, antes da guerra eu era um socialista reformista, amigo de uma sábia evolução, partidário decidido das reformas que, uma a uma, vêm a melhorar a situação dos trabalhadores, a aumentar seus recursos materiais e intelectuais, a apressar sua organização e a multiplicar sua força. Como tantos outros, eu vacilava perante a responsabilidade de desencadear, em plena paz social (na medida em que é possível falar de paz social dentro de um regime capitalista), uma crise revolucionária, inevitavelmente caótica, custosa, sangrenta e que, mal conduzida, podia estar destinada ao fracasso. Inimigos da violência acima de tudo, havíamos nos afastado pouco a pouco das saudáveis tradições marxistas. Nosso evolucionismo impenitente nos havia levado a confundir o meio, isto é, a reforma, com o fim, ou seja, a socialização geral dos meios de produção e de troca. Assim havíamos nos separado, até perdê-la de vista, da única tática socialista admissível, a tática revolucionária. É tempo de reparar os erros cometidos".

Na França, Noulens e seus secretários denunciaram Sadoul como um funcionário desleal. Urgia inutilizá-lo, invalidá-lo como acusador da incompreensão francesa. Clemenceau ordenou um processo. O Partido Socialista indicou Sadoul como candidato a deputado. O povo era convidado, desse modo, a anistiar o acusado. A eleição teria sido entusiasta. Clemenceau decidiu então inabilitá-lo. Um Conselho de Guerra se encarregou de julgá-lo *in absentia* e de sentenciá-lo à pena capital.

Sadoul teve que permanecer na Rússia. A anistia de Herriot, regateada e mutilada pelo Senado, não o beneficiou como a Caillaux e como a Marty. Sobre Sadoul continuou pesando uma sentença capital. Mas ele compreendeu que já era, apesar de tudo, o momento de voltar à França. A opinião popular, suficientemente informada sobre seu caso, saberia defendê-lo. A polícia tratou de prendê-lo logo que chegou a Paris. A extrema esquerda protestou, mas o governo respondeu que Sadoul não estava coberto pela anistia. Ele pediu que seu processo fosse reaberto e em janeiro último compareceu perante o Conselho de Guerra. Nessa audiência, Sadoul falou mais como um acusador do que como um acusado. Em vez de uma defesa, fez uma acusação. Quem havia se equivocado? Certamente não fora ele, que havia previsto a duração e advertido sobre a solidez do novo regime russo; certamente não fora ele, que havia preconizado uma cooperação franco-russa, reciprocamente respeitosa do igual direito de ambos os povos de eleger seu próprio governo, admitida agora, de certa forma, com o restabelecimento das relações diplomáticas. Não; ele não havia se equivocado, mas sim Noulens. O processo Sadoul se transformava, assim, num processo contra o próprio Noulens. O Conselho de Guerra concordou com a reabertura do processo e com a liberdade condicional de Sadoul. E em seguida pronunciou sua absolvição. A história já havia se antecipado a essa sentença.

Detalhe do mural de Diego Rivera, *El hombre en una encrucijada*
(1935, Palacio de Bellas Artes, México).
Ao lado de Trotsky aparecem James Cannon, Engels e Marx

LEON TROTSKY[1]

Trotsky não é somente um protagonista, mas também um filósofo, um historiador e um crítico da revolução. Nenhum líder da revolução pode deixar de ter, naturalmente, uma visão panorâmica e precisa de suas raízes e de sua gênese. Lenin, por exemplo, distinguiu-se por uma capacidade singular para perceber e entender a direção da história contemporânea e o sentido de seus acontecimentos. Mas os penetrantes estudos de Lenin abarcaram apenas as questões políticas e econômicas. Trotsky, porém, interessou-se também pelas conseqüências da revolução na filosofia e na arte.

Trotsky polemiza com os escritores e os artistas que anunciam a chegada de uma nova arte, o surgimento de uma arte proletária. Possui já a revolução uma arte própria? Trotsky move negativamente a cabeça. "A cultura", escreve, "não é a primeira fase do bem-estar: é o seu resultado final."

O proletariado gasta atualmente suas energias na luta para derrubar a burguesia e na tarefa de resolver seus problemas econômicos. A nova ordem é demasiadamente embrionária e incipiente: ainda está em período de formação. Uma arte do proletariado, portanto, ainda não pode surgir. Trotsky define o desenvolvimento da arte como o mais elevado testemunho da vitalidade e do valor de uma época. Assim, a arte do proletariado não apresentará os episódios da luta revolucionária: será aquela que descreverá a vida emanada da revolução, de suas criações e de seus frutos. Não seria o momento, então, de se falar de uma nova arte, que, como a nova ordem social,

---

[1] Publicado originalmente com o título "Trotsky" no livro *La escena contemporánea*, Lima, Minerva, 1925.

deve atravessar um período de experiências e ensaios. "A revolução encontrará na arte sua imagem quando deixar de ser para o artista um fenômeno estranho a ele." A nova arte será produzida por homens de um novo tipo. O conflito entre a realidade moribunda e a nascente durará longos anos de lutas e mal-estar. Somente depois que transcorrerem esses anos, quando a nova organização humana estiver cimentada e assegurada, é que existirão as condições necessárias para o desenvolvimento de uma arte do proletariado. Quais serão os traços essenciais dessa arte do futuro? Trotsky formula algumas previsões. A arte do futuro será, a seu juízo, "inconciliável com o pessimismo, com o ceticismo e com todas as outras formas de prostração intelectual; e estará cheia de fé criadora, de uma fé sem limites no futuro". Essa, certamente, não é uma tese arbitrária. A desesperança, o niilismo e a morbidez, que a literatura contemporânea contém em grandes doses, são sinais característicos de uma sociedade fatigada, esgotada, decadente. A juventude é otimista, afirmativa, alegre, enquanto a velhice é cética, negativa e rabugenta. A filosofia e a arte se apresentarão, por conseguinte, em formas distintas em uma sociedade jovem e em uma sociedade senil.

O pensamento de Trotsky segue por esses caminhos e por outras conjecturas e interpretações. Os esforços da cultura e da inteligência burguesas estão dirigidos principalmente ao progresso da técnica e do mecanismo da produção. A ciência é aplicada, sobretudo, na criação de um maquinismo cada dia mais perfeito. Os interesses da classe dominante são adversos à racionalização da produção e são contrários, conseqüentemente, à racionalização dos costumes. As preocupações da humanidade são sobretudo utilitárias. O ideal de nossa época é o lucro e a poupança, enquanto a acumulação de riquezas acaba se tornando a maior finalidade da vida humana. A nova ordem revolucionária irá racionalizar e humanizar os costumes, resolvendo os problemas que a ordem burguesa – por causa de sua estrutura e de sua função – não consegue solucionar: possibilitará que a mulher se liberte da servidão doméstica; assegurará a educação social das crianças; eliminará as preocupações econômicas do casamento. O socialismo, tão zombado e acusado de materialista, mostra-se, em suma, desse ponto de vista, como uma reivindicação, um renascimento de valores espirituais e morais, oprimidos pela organização e pelos métodos capitalistas. Se na época capitalista prevaleceram as ambições

e os interesses materiais, na época proletária suas modalidades e suas instituições se inspirarão nos interesses e ideais éticos.

A dialética de Trotsky nos conduz a uma previsão otimista do futuro do Ocidente e da Humanidade. Enquanto **Spengler** anuncia a decadência ocidental completa e afirma que o socialismo não é senão uma etapa da trajetória de uma determinada civilização, Trotsky constata unicamente a crise da cultura burguesa, o declínio da sociedade capitalista. Essa cultura, essa sociedade, envelhecidas e enfastiadas, desaparecem; uma nova cultura e sociedade emergem de suas entranhas. A ascensão de uma nova classe dominante – mais extensa em suas raízes e mais vital em seu conteúdo que a anterior – renovará e aumentará a energia mental e moral da humanidade. O progresso da humanidade então será dividido nas seguintes etapas principais: Antiguidade (regime escravista); Idade Média (regime de servidão); Capitalismo (regime salarial); e Socialismo (regime de igualdade social). Os vinte, trinta, cinqüenta anos que durará a revolução proletária, disse Trotsky, marcarão uma época de transição.

Esse homem tão sutil, que teoriza profundamente, poderia ser o mesmo que arengava com seus companheiros e passava em revista o Exército Vermelho? Algumas pessoas só conhecem o Trotsky marcial de tantos retratos e caricaturas; o Trotsky do trem blindado; o Trotsky ministro da Guerra e Generalíssimo; o Trotsky que ameaça a Europa com uma invasão napoleônica. Esse Trotsky na verdade não existe: é quase unicamente uma invenção da imprensa. O Trotsky real, verdadeiro, é aquele revelado por seus escritos. Um livro apresenta sempre uma imagem mais exata e mais verídica de um homem que um uniforme. Um generalíssimo, inclusive, não pode filosofar tão humana e tão humanitariamente como ele. Poder-se-ia imaginar **Foch**, Ludendorff ou Douglas **Haig** com a mesma atitude mental de Trotsky?

A ficção do Trotsky marcial, do Trotsky napoleônico, vem de um só aspecto das atividades do célebre revolucionário na Rússia dos sovietes: o comando do Exército Vermelho. Trotsky, como se sabe, ocupou primeiramente o Co-missariado de Negócios Estrangeiros. Mas na etapa final das negociações de Brest Litovsk foi obrigado a abandonar esse ministério. Ele quis que a Rússia se opusesse ao militarismo alemão com uma atitude tolstoiana: que rechaçasse a paz que lhe era imposta, cruzando os braços, indefesa, perante o adversário. Lenin, com maior senso político, preferiu a capitulação. Transferido para o

Comissariado da Guerra, Trotsky recebeu o encargo de organizar o Exército Vermelho. Nessa tarefa, mostrou sua capacidade de organizador e realizador. O exército russo tinha sido dissolvido. A queda do czarismo, o processo da revolução e o fim da guerra produziram a sua dissolução. Os soviéticos careciam de elementos para reconstituí-lo: restavam apenas alguns materiais bélicos dispersados, enquanto os chefes e oficiais monarquistas – por causa de seu evidente reacionarismo – não podiam ser utilizados. Momentaneamente, Trotsky tratou de se servir do auxílio técnico das missões militares aliadas, explorando o interesse da Entente de recuperar a ajuda da Rússia contra a Alemanha. Mas o que as missões aliadas desejavam, antes de tudo, era a queda dos bolcheviques. Se fingiam pactuar com os revolucionários, era para depois acabar com eles de vez. Dentro das missões aliadas, Trotsky encontrou apenas um colaborador leal: o capitão Jacques Sadoul, funcionário da embaixada francesa, que acabou aderindo à revolução, seduzido por seu ideário e por seus homens. Com o tempo, os soviéticos finalmente tiveram que expulsar da Rússia os diplomatas e militares da Entente. Mas, superando todas as dificuldades, Trotsky conseguiu criar um poderoso exército, que defendeu vitoriosamente a revolução dos ataques de todos os seus inimigos externos e internos. O núcleo inicial desse exército era de duzentos mil voluntários da vanguarda e da juventude comunistas. Mas, no período de maior risco para os sovietes, Trotsky comandou mais de cinco milhões de soldados.

Como seu ex-generalíssimo, o Exército Vermelho é um fato inédito na história militar do mundo, que sabe de seu papel revolucionário e não esquece que seu objetivo é a defesa da revolução. De sua essência está excluída, portanto, qualquer tendência especificamente imperialista: sua disciplina, organização e estrutura são revolucionárias. E enquanto o generalíssimo escrevia um artigo sobre Romain Rolland, os soldados evocavam a **Tolstói** ou liam **Kropotkin**.

GRIGORI ZINOVIEV[1]

Periodicamente, um discurso ou uma carta de Grigori Zinoviev tira do sério a burguesia. Quando ele não escreve nenhum manifesto, os burgueses nostálgicos de sua prosa se encarregam de inventar um ou dois. Os manifestos de Zinoviev percorrem o mundo, deixando atrás de si um rastro de terror e de medo. O poder explosivo desses documentos é tão garantido que até mesmo foram usados na última campanha eleitoral britânica. Os adversários do trabalhismo descobriram, às vésperas das eleições, uma horripilante mensagem de Zinoviev e a usaram, sensacionalmente, como um estimulante da vontade combativa da burguesia. Que honesto e aprazível burguês não iria se horrorizar com a possibilidade de MacDonald continuar no poder? MacDonald pretendia que a Grã-Bretanha emprestasse dinheiro a Zinoviev e aos demais comunistas russos. E, entrementes, o que fazia Zinoviev? Incitava o proletariado britânico a fazer a revolução. Para as pessoas bem informadas, essa descoberta não tinha importância. Há muitos anos, Zinoviev não se ocupa de outra coisa senão pregar a revolução. Às vezes se ocupa de algo mais audacioso ainda: trata de organizá-la. O seu trabalho de consiste precisamente nisso. Como se pode, então, querer honradamente que um homem não cumpra com suas tarefas?

Uma parte do público não conhece Zinoviev, a não ser como um formidável fabricante de panfletos revolucionários. É provável até que se compare a produção de seus panfletos com a produção de automóveis de Ford, por

---

[1] Publicado originalmente com o título "Zinoviev y la Tercera Internacional" no livro *La escena contemporánea*, Lima, Minerva, 1925.

exemplo. A Terceira Internacional deve ser, para essa parte do público, algo assim como uma filial da Zinoviev Co. Ltda., fabricante de manifestos contra a burguesia.

Efetivamente, Zinoviev é um grande panfletário. Mas o panfleto não é senão apenas um instrumento político. A política nestes tempos é, necessariamente, panfletária. Mussolini, Poincaré e Lloyd George são também panfletários a seu modo. Ameaçam e difamam os revolucionários, mais ou menos como Zinoviev ameaça e difama os capitalistas. São primeiros-ministros da burguesia como Zinoviev poderia sê-lo da revolução: ele crê que um agitador vale quase sempre mais que um ministro.

Por pensar desse modo, preside a Terceira Internacional, em vez de exercer um cargo de comissário do povo. Foi levado à presidência da Terceira Internacional por suas história e qualidade revolucionárias, bem como por sua condição de discípulo e colaborador de Lenin.

Zinoviev é um polemista orgânico. Seu pensamento e seu estilo são essencialmente polêmicos. Sua cabeça dantoniana, de tribuno, tem uma perene atitude beligerante. Sua dialética é ágil, agressiva, cálida, nervosa: tem matizes de ironia e de *humour* e trata o adversário de maneira desapiedada e acérrima.

Mas Zinoviev é, sobretudo, um depositário da doutrina de Lenin, um continuador de sua obra. Sua teoria e sua prática são, invariavelmente, a teoria e a prática de Lenin. Possui uma história absolutamente bolchevique: pertence à *velha guarda* do comunismo russo; trabalhou com Lenin, no estrangeiro, antes da revolução; e foi um dos professores da escola marxista russa dirigida por Lenin em Paris.

Esteve sempre ao lado de Lenin. No começo da revolução houve, não obstante, um instante em que sua opinião discrepou da de seu mestre. Quando Lenin decidiu tomar o poder de assalto, Zinoviev julgou prematura sua decisão. A história deu razão a Lenin: os bolcheviques conquistaram e conservaram o poder e Zinoviev recebeu o encargo de organizar a Terceira Internacional.

Exploremos rapidamente a história dessa Terceira Internacional desde suas origens.

A Primeira Internacional, fundada por Marx e Engels em Londres, não foi senão apenas um esboço, um germe, um programa. A realidade internacional ainda não estava definida e o socialismo era apenas uma força em formação.

Marx acabava de dar-lhe concreção histórica. Cumprida sua função de traçar as orientações de uma ação internacional dos trabalhadores, a Primeira Internacional submergiu na confusa nebulosa da qual havia emergido. Mas a vontade de articular internacionalmente o movimento socialista ficou formulada. Alguns anos depois, a Internacional reapareceu vigorosamente. O crescimento dos partidos e sindicatos socialistas requeria uma coordenação e uma articulação internacionais. A função da Segunda Internacional foi quase unicamente organizadora. Os partidos socialistas dessa época efetuavam um trabalho de recrutamento: sentiam que a data da revolução social se encontrava distante e propuseram-se, por conseguinte, a conquista de algumas reformas interinas. O movimento operário adquiriu assim um espírito e uma mentalidade reformistas. O pensamento da socialdemocracia lassalliana dirigiu a Segunda Internacional, fazendo que o socialismo ficasse inserido na democracia. A Segunda Internacional, por isso, nada pôde fazer contra a guerra: seus líderes e seções haviam se habituado a uma atitude reformista e democrática. A resistência à guerra reclamava uma atitude revolucionária. O pacifismo da Segunda Internacional – que não se encontrava nem espiritual nem materialmente preparada para a ação revolucionária – era estático, platônico, abstrato. As minorias socialistas e sindicalistas trabalharam em vão para radicalizar a organização. A guerra acabou por dividi-la e dissolvê-la e apenas algumas minorias continuaram representando sua tradição e seu ideário, minorias estas que se reuniram nos congressos de Khiental e Zimmerwald para esboçar as bases de uma nova organização internacional. A revolução russa impulsionou esse movimento e em março de 1919 foi fundada a Terceira Internacional. Sob suas bandeiras se agruparam os elementos revolucionários do socialismo e do sindicalismo.

A Segunda Internacional reapareceu com a mesma mentalidade, os mesmos homens e o mesmo pacifismo platônico dos tempos pré-bélicos. Em seu estado-maior se concentram os líderes clássicos do socialismo: **Vandervelde**, **Kautsky**, **Bernstein**, **Turati** etc. Apesar da guerra, esses homens não perderam sua antiga fé no método reformista. Nascidos da democracia, não conseguem renegá-la e não percebem os efeitos históricos da guerra. Trabalham como se a guerra não tivesse interrompido nada. Não admitem nem compreendem a existência de uma nova realidade. Os elementos ligados à Segunda Internacional são em sua maioria velhos socialistas, enquanto a Terceira Internacional, ao contrário, recruta o grosso de seus adeptos entre a juventude. Esse dado indica, melhor que nenhum outro, a diferença histórica de ambas as agrupações.

As raízes da decadência da Segunda Internacional, saturada de preocupações democráticas, confundem-se com as raízes da decadência da democracia. Ela corresponde a uma época de apogeu do Parlamento e do sufrágio universal: o método revolucionário, portanto, lhe é absolutamente estranho. Os novos tempos se vêem obrigados, então, a tratá-la de forma desrespeitosa e rude. A juventude revolucionária costuma esquecer até mesmo as realizações da Segunda Internacional como organizadora do movimento socialista. Mas à juventude não se pode, razoavelmente, exigir que se preocupe com a justiça. Ortega y Gasset diz que a juventude "poucas vezes tem razão no que nega, mas sempre tem razão no que afirma". A isso se poderia agregar que a força impulsionadora da história são as afirmações e as negações. A juventude revolucionária não nega, ademais, à Segunda Internacional seus direitos no presente. Se a Segunda Internacional não insistisse em sobreviver, a juventude revolucionária teria o prazer em venerar sua memória. Constataria, honradamente, que a Segunda Internacional foi uma máquina de organização e a Terceira Internacional é uma máquina de combate.

Esse conflito entre duas mentalidades, entre duas épocas e entre dois métodos do socialismo tem em Zinoviev uma de suas *dramatis personae*. Mais do que com a burguesia, Zinoviev polemiza com os socialistas reformistas. É o crítico mais amargo e contundente da Segunda Internacional. Sua crítica define nitidamente a diferença histórica das internacionais. A guerra, segundo Zinoviev, antecipou ou, melhor dizendo, precipitou a era socialista. Existem as premissas econômicas da revolução proletária, mas ainda falta a orientação espiritual da classe trabalhadora, que não pode ser dada pela Segunda Internacional, cujos líderes continuam acreditando, como há vinte anos, na possibilidade de uma suave transição do capitalismo ao socialismo. Por isso foi formada a Terceira Internacional. Zinoviev faz notar que a Terceira Internacional não age somente sobre os povos do Ocidente. A revolução, diz ele, não deve ser européia, e sim mundial. "A Segunda Internacional estava limitada aos homens de cor branca; a Terceira não subdivide os homens segundo sua raça." Ela se interessa pelo despertar das massas oprimidas da Ásia. "Não é, todavia", lembra ele, "uma insurreição de massas proletárias; mas deve sê-lo. A corrente que nós dirigimos libertará todo o mundo."

Zinoviev polemiza também com os comunistas que discordam eventualmente da teoria e da prática leninistas. Seu debate com Trotsky, no partido comunista russo, teve há pouco tempo ressonância mundial. Trotsky, **Preobrajensky** e outros atacavam a *velha guarda* do partido e incitavam os estudantes de Moscou contra ela. Zinoviev os acusou de usar procedimentos demagógicos, por falta de argumentos sérios. E tratou com um pouco de ironia aqueles estudantes impacientes, que, "apesar de estudarem *O capital* de Marx há seis meses, ainda não governavam o país". O debate entre Zinoviev e Trotsky se decidiu favoravelmente para Zinoviev. Apoiado pela velha e pela nova guarda leninista, ele ganhou o duelo. Agora dialoga com seus adversários dos outros campos. Toda a vida desse grande agitador é polêmica.

Górki visitando Tolstói em Yasnaya Polyana, por volta de 1900.

MÁXIMO GÓRKI[1]

Máximo Górki é o romancista dos vagabundos, dos párias, dos miseráveis. É o romancista das sarjetas, da má vida e da fome. A obra de Górki é peculiar, espontânea, representativa deste século de multidões, do Quarto Estado e da revolução social. Muitos artistas contemporâneos extraem seus temas e seus personagens das camadas plebéias, inferiores. A alma e as paixões burguesas já foram demasiadamente exploradas e, portanto, são um tanto antiquadas. Já no caso do proletariado, ao contrário, existem novos matizes e linhas insólitas.

A plebe dos romances e dramas de Górki não é ocidental: é autenticamente russa. Mas ele não é somente um narrador da Rússia: é também um de seus protagonistas. Foi um de seus críticos, um de seus cronistas e um de seus atores. Não fez a revolução russa; mas a viveu.

Górki nunca foi bolchevique. Em geral falta aos intelectuais e aos artistas a fé necessária para envolver-se de forma facciosa, disciplinada e sectária nos quadros de um partido. Tendem a uma atitude pessoal, distinta e arbitrária perante a vida. Górki, ondulante, inquieto e heterodoxo, não seguiu rigidamente nenhum programa nem nenhuma opção política. Nos primeiros tempos da revolução dirigiu um jornal socialista revolucionário: *Novaya Zhizn*. Esse diário acolheu com desconfiança e inimizade o regime soviético, tachando os bolcheviques de teóricos e utópicos. Górki escreveu que os bolcheviques faziam um experimento útil à humanidade, mas mortal para a Rússia. A raiz de sua resistência, contudo, era mais recôndita, íntima e espiritual:

---

[1] Publicado originalmente com o título "Máximo Górki y Rússia" no livro *La escena contemporánea*, Lima, Minerva, 1925.

era um estado de ânimo, de reação contra-revolucionária, comum à maioria dos intelectuais. A revolução os tratava e vigiava como inimigos latentes. E eles se incomodavam que a revolução, tão barulhenta, tão caudalosa, tão explosiva, turvasse de forma indelicada seus sonhos, suas pesquisas e seus discursos. Alguns persistiram nesse estado de ânimo, enquanto outros se contagiaram e se inflamaram de fé revolucionária. Górki, por exemplo, não tardou em aproximar-se da revolução. Os sovietes o encarregaram da organização e direção da casa dos intelectuais, destinada a salvar a cultura russa da maré revolucionária, hospedando, alimentando e fornecendo elementos de estudo e de trabalho aos homens de ciência e de letras da Rússia. Górki, entregue à proteção dos sábios e dos artistas daquele país, se converteu, assim, em um dos colaboradores substantivos do Comissário de Instrução Pública Lunatcharsky.

Vieram os dias de seca e escassez na região do Volga. Uma colheita frustrada empobreceu totalmente, de forma súbita, várias províncias russas, já debilitadas e extenuadas por muitos anos de guerra e de bloqueio: milhões de homens ficaram sem pão para o inverno. Górki sentiu que seu dever era comover a humanidade com essa tragédia imensa e, para isso, solicitou a colaboração de Anatole France, Gerhart **Hauptmann**, Bernard **Shaw** e de outros grandes artistas. Saiu da Rússia, na época mais distante e mais estrangeira do que nunca, para falar à Europa de perto. Mas ele não era mais o vigoroso vagabundo, o duro nômade de outros tempos. Sua antiga tuberculose o atacou no caminho, obrigando-o a ficar na Alemanha e a se internar num sanatório. Um grande europeu, o sábio e explorador **Nansen**, percorreu a Europa pedindo auxílio para as províncias famélicas. Discursou em Londres, Paris e Roma, sob a chancela de sua palavra insuspeitável e apolítica, afirmando que aquela tragédia não havia sido culpa do comunismo: era um flagelo, um cataclismo, um infortúnio. A Rússia, bloqueada e isolada, não podia salvar todos seus famintos. Não havia tempo a perder. O inverno se aproximava. Não socorrer imediatamente os famintos seria o mesmo que abandoná-los à morte. Muitos espíritos generosos responderam a esse chamado. As massas operárias deram sua contribuição. Mas o instante não era propício para a caridade e a filantropia. O Ocidente estava demasiadamente carregado de rancor e raiva contra a Rússia. A grande imprensa européia deu à campanha de Nansen um apoio sem entusiasmo, enquanto os Estados europeus, insensibilizados, envenenados pela paixão, não se consternaram perante aquela desgraça. Os socorros não foram obtidos na magnitude necessária. Vários milhões de homens se salvaram; mas muitos outros milhões pereceram. Górki, condoído por essa tragédia, condenou a crueldade da Europa e profetizou o fim daquela civilização. O mundo, disse, acaba de constatar um debilitamento da sensibilidade moral da Europa. Esse debilitamento é um sintoma da decadência e degeneração do mundo ocidental. A civilização européia não era unicamente respeitável por sua riqueza técnica e material, mas também por sua riqueza moral. Ambas as forças haviam conferido sua autoridade e prestígio perante o Oriente. Debilitadas, nada defende a civilização européia dos assaltos da barbárie.

Górki escuta uma voz interna subconsciente que lhe anuncia a ruína da Europa. Esta mesma voz lhe aponta o camponês como um inimigo implacável e fatal da revolução russa, que teria sido uma obra do proletariado urbano e da ideologia socialista, também essencialmente urbana. Os camponeses sustentaram a revolução porque essa lhes deu a posse da terra. Mas outros itens de seu programa não são igualmente inteligíveis para a mentalidade e os interesses agrários. Górki não acredita que a psicologia egoísta e sórdida do campesinato chegue a se fundir com a ideologia do trabalhador urbano. A cidade é a sede, é o lar da civilização e de suas criações: é a própria civilização. A psicologia do homem da cidade é mais altruísta e mais desinteressada que a do homem do campo. Isso pode ser observado não só na massa camponesa, mas também na aristocracia rural. O temperamento do latifundiário agrário é muito menos elástico, ágil e compreensivo que o do latifundiário industrial. Os magnatas do campo estão sempre na extrema direita; os magnatas do banco e da indústria preferem uma posição centrista e tendem ao pacto e ao compromisso com a revolução. A cidade adapta o homem ao coletivismo; o campo estimula agressivamente seu individualismo. Por isso, a última batalha entre o individualismo e o socialismo ocorrerá, talvez, entre a cidade e o campo.

Vários estadistas europeus compartilham, implicitamente, essa preocupação de Górki. Caillaux, por exemplo, vê com inquietação e apreensão a tendência dos camponeses da Europa Central a se tornar independentes do industrialismo urbano. Na Hungria, ressurge a pequena indústria rural. O camponês volta a tecer sua lã e a forjar sua ferramenta; tenta fazer renascer uma economia medieval, primitiva. A intuição e a visão de Górki coincidem com a constatação do homem de ciência.

Falei com Górki desse e de outros assuntos em dezembro de 1922 no Neue Sanatorium de Saarow Ost. Seu alojamento estava fechado a todas as visitas estranhas e insólitas. Mas sua mulher, Maria Feodorowna, me abriu suas portas. Górki não fala senão o russo, mas a esposa se comunica em alemão, francês, inglês e italiano.

Nesse tempo, Górki escrevia o terceiro tomo de sua autobiografia. E começava um livro sobre homens russos.

– Homens russos?

– Sim; homens que vi na Rússia; homens que conheci; não necessariamente homens célebres, mas, sim, interessantes.

Perguntei-lhe sobre suas relações com o bolchevismo. Alguns periódicos insinuavam que ele andava afastado de seus líderes. Górki me desmentiu essa notícia: suas relações com os soviéticos eram boas, normais. Tinha a intenção de voltar logo à Rússia.

Há em Górki algo de velho vagabundo, de velho peregrino, com seus olhos agudos, mãos rústicas, estatura um pouco encurvada e bigodes tártaros. Ele não é fisicamente um homem metropolitano; é, mais propriamente, um homem rural, um camponês. Mas não tem uma alma patriarcal e asiática como Tolstói, que defendia um comunismo camponês e cristão. Górki admira, ama e respeita as máquinas, a técnica e a ciência ocidentais, todas as coisas que repugnavam o misticismo de Tolstói. Esse eslavo, esse vagabundo é, abstrusa e subconscientemente, um devoto e um apaixonado pelo Ocidente e por sua civilização.

E, sob os telhados de Saarow Ost, aonde não chegavam os rumores da revolução comunista nem tampouco os ruídos da reação fascista, seus olhos doentes e visionários de homem alucinado viam com angústia aproximar-se o ocaso e a morte de uma civilização maravilhosa.

SUN YAT SEN[1]

A revolução chinesa perdeu sua figura mais conspícua. Sun Yat Sen ocupou uma posição eminente nos maiores episódios de sua história: ele foi o *leader*, o *condottiere*, o animador máximo de uma revolução que sacudiu quatrocentos milhões de homens.

Sun Yat Sen pertenceu a essa inumerável falange de estudantes chineses que, nutridos de idéias democráticas e revolucionárias nas universidades da civilização ocidental, se converteram prontamente em dinâmicos e veementes agitadores de seu povo.

O destino histórico da China quis que essa geração de agitadores, educada nas universidades norte-americanas e européias, criasse no cético e letárgico povo chinês um estado de ânimo nacionalista e revolucionário, no qual deveria se formar uma vigorosa vontade de resistência ao imperialismo norte-americano e europeu. Forçada pela conquista, a China saiu de sua clausura tradicional para em seguida penetrar novamente dentro de si mesma. O contato com o Ocidente foi fecundo. A ciência e a filosofia ocidentais não debilitaram nem relaxaram o sentimento nacional chinês: pelo contrário, o renovaram e o reanimaram. A transfusão de idéias novas rejuvenesceu a velha e narcotizada alma chinesa.

A China sofria, nesse tempo, os vexames e as espoliações da conquista. As potências européias haviam se instalado em seu território, enquanto o Japão também se apressou em reclamar sua parte no metódico saque. A revolta *boxer* havia custado à China a perda das últimas garantias de sua independência

---

[1] Publicado originalmente em *Variedades*, Lima, 28 de março de 1925.

política e econômica: as finanças da nação se achavam submetidas ao controle das potências estrangeiras ao mesmo tempo em que a decrépita dinastia manchu não podia opor quase nenhuma resistência à colonização do país nem suscitar ou presidir um renascimento da energia nacional. Impotente perante a abdicação da soberania nacional, já não era mais capaz de retroceder: não possuía nem o apoio nem a confiança da população. Exangue e anêmica, estranha ao povo, vegetava lânguida e palidamente, representando somente um feudalismo moribundo, cujas raízes tradicionais se mostravam cada vez mais envelhecidas e minadas.

As idéias nacionalistas e revolucionárias, difundidas pelos estudantes e intelectuais, encontraram, por conseguinte, uma atmosfera favorável. Sun Yat Sen e o partido Kuo-Ming-Tang promoveram uma poderosa corrente republicana. A China, assim, tratou de adotar a forma e as instituições demo-liberais da burguesia européia e americana. Não cabia, absolutamente, na China, a transformação da monarquia absoluta em monarquia constitucional. As bases da dinastia manchu estavam totalmente minadas e uma nova dinastia não poderia ser improvisada. Sun Yat Sen não propunha, portanto, uma utopia. Tinha que tentar, de fato, a fundação de uma república, que não nasceria, obviamente, solidamente cimentada, mas que, através das peripécias de um lento trabalho de afirmação, encontraria ao fim seu equilíbrio. Os acontecimentos deram razão a essas previsões.

A dinastia manchu foi derrubada, definitivamente, no primeiro grande embate da revolução. A insurreição estourou em Wu Chang, capital da província de Hu-Pei, em 10 de outubro de 1911. A monarquia não pôde se defender. Foi proclamada a república e Sun Yat Sen, o chefe da revolução, assumiu o poder. Mas ele se deu conta de que seu partido ainda não estava maduro para o governo. A dinastia havia sido facilmente vencida; mas os *tuchuns*, os latifundiários do norte, ainda conservavam suas posições. As idéias liberais haviam prosperado no sul, onde a população, muito mais densa, era composta principalmente de pequenos burgueses. No norte, onde o partido Kuo-Ming-Tang não havia conseguido desenvolver-se, dominava a grande propriedade.

Sun Yat Sen entregou o governo a Yuan Shi Kay, o qual, detentor de um antigo prestígio como experimentado estadista, contava com o apoio da classe conservadora e dos chefes militares. O governo de Yuan Shi Kay representava um compromisso: deveria desenvolver uma política de conciliação dos interesses capitalistas e feudais com as idéias democráticas e republicanas da revolução. Mas Yuan Shi Kay era um estadista do antigo regime, cético em relação aos prováveis resultados do experimento republicano. Ademais, se apoderou logo dele a ambição de ser o futuro imperador. Em dezembro de 1915, acreditou que havia chegado a hora de realizar seu projeto. A restauração foi precária e o novo império durou apenas oitenta e três dias. Abandonado por seus próprios correligionários, Yuan Shi Kay teve que abdicar, enquanto o sentimento revolucionário, em constante vigilância, voltou a se impor.

Um ano e meio depois, contudo, outra tentativa de restauração monárquica pôs em perigo a república. Derrotada naquela ocasião, a reação não se desarmou até agora. O mandarinismo e o feudalismo, que a revolução ainda não conseguira liquidar, conspiraram incessantemente contra o regime democrático. A revolução, porém, não desmobilizou suas legiões, tendo em Sun Yat Sen, até sua morte, um de seus animadores.

Em 1920, o conflito entre as províncias do sul, dominadas pelo partido Kuo-Ming-Tang, e as províncias do norte, dominadas pelo partido An-Fu e pelo caudilhismo *tuchum*, produziu uma secessão. Constituiu-se em Cantão um bolsão de agitação nacionalista e revolucionária. O pacto assinado em Washington em 1921 pelas grandes potências, com o objetivo de fixar limites de sua ação na China, condenou e rechaçou tais atitudes, combatendo todos os esforços da ditadura do norte para submeter a China a um regime excessivamente centralista – contrário às aspirações de autonomia administrativa das províncias – e contestando a organização de um movimento fascista, financiado pela alta burguesia de Cantão, com a mobilização armada do proletariado.

Educado na escola da democracia, Sun Yat Sen soube, não obstante, em sua carreira política, ultrapassar os limites da ideologia liberal. Os mitos da democracia (soberania popular, sufrágio universal etc.) não se apoderaram de sua inteligência clara e decidida de idealista prático. A política imperialista das grandes potências ocidentais ensinou-lhe plenamente as qualidades da justiça democrática, enquanto a revolução russa mostrou-lhe o sentido e o alcance da crise contemporânea. O aguçado instinto revolucionário de Sun Yat Sen o orientou até a Rússia e seus homens. Ele via a Rússia como a libertadora dos povos do Oriente. Não pretendeu nunca repetir, mecanicamente, na China, os experimentos europeus: adaptava sua ação revolucionária à realidade de seu país. Queria que fosse cumprida na China uma revolução chinesa, assim como se leva a cabo na Rússia, há sete anos, uma revolução russa. Seu conhecimento da cultura e do pensamento ocidentais não desnacionalizava nem desarraigava sua alma, ao mesmo tempo profundamente chinesa e humana. Apesar de ser doutor por uma universidade norte-americana, perante o imperialismo ianque e o orgulho ocidental preferia sentir-se somente um *cooli*. Serviu austera, abnegada e dignamente ao ideal de seu povo, de sua geração e de sua época. E a esse ideal deu toda a sua capacidade e toda a sua vida.

MAHATMA GANDHI[1]

Esse homem doce e piedoso é um dos maiores personagens da história contemporânea. Seu pensamento não influi somente nos trezentos e vinte milhões de indianos: comove toda a Ásia e repercute também na Europa. Romain Rolland, que descontente com o Ocidente se volta para o Oriente, lhe consagrou um livro. A imprensa européia explora com curiosidade a biografia e o cenário do apóstolo.

O principal capítulo da vida de Gandhi começa em 1919. O pós-guerra o colocou à cabeça do movimento de emancipação de seu povo. Até então, Gandhi servia fielmente à Grã-Bretanha e, durante a guerra, chegou a colaborar com os ingleses. A Índia deu à causa aliada uma importante contribuição, já que a Inglaterra havia se comprometido a lhe conceder os direitos dos demais "Domínios". Terminada a contenda, a Inglaterra esqueceu sua palavra e o princípio wilsoniano da livre determinação dos povos: reformou superficialmente a administração da Índia – na qual o povo indiano concordou ter uma participação secundária e inócua – e respondeu às queixas da população local com uma repressão militar cruel. Perante esse tratamento pérfido, Gandhi mudou sua atitude e abandonou suas ilusões. A Índia se insurgia contra a Grã-Bretanha e reclamava sua autonomia. A morte de Tilak havia posto a direção do movimento nacionalista nas mãos de Gandhi, que exercia sobre seu povo uma grande influência religiosa. Ele aceitou a obrigação de liderar seus compatriotas e os conduziu à não-cooperação. A insurreição armada o repugnava: os meios

---

[1] Publicado originalmente com o título "Gandhi" no livro *La escena contemporánea*, Lima, Minerva, 1925.

deviam ser, em sua opinião, bons e morais como os fins. Havia que utilizar a resistência do espírito e do amor para se opor às armas britânicas.

A palavra evangélica de Gandhi inflamou de misticismo e de fervor a alma hindustana. O Mahatma acentuou, gradualmente, seu método: os indianos foram convidados a abandonar as escolas e universidades, a administração e os tribunais; a tecer com suas mãos seu traje *khaddar*; a rechaçar as manufaturas britânicas. A Índia gandhiana se voltou, poeticamente, à "música da roca". Os tecidos ingleses foram queimados em Bombaim como uma coisa maldita e satânica. A tática da não-cooperação se encaminhava às suas últimas conse-qüências: a desobediência civil e a recusa do pagamento de impostos. A Índia parecia próxima da rebelião definitiva. Produziram-se algumas violências. Gandhi, indignado com isso, suspendeu a ordem de desobediência civil e, misticamente, se entregou à penitência. Seu povo não estava ainda educado para o uso da *satyagraha*, a força-amor, a força-alma. Os indianos obedeceram a seu chefe. Mas essa retirada, ordenada no instante de maior tensão e maior calor, debilitou a onda revolucionária. O movimento se consumia e se desgastava sem combater. Houve algumas deserções e dissensões. A prisão e o processo contra Gandhi vieram a tempo. O Mahatma deixou a direção do movimento antes que este declinasse.

O Congresso Nacional indiano de dezembro de 1923 marcou um enfraque-cimento do gandhismo. Prevaleceu nessa assembléia a tendência revolucioná-ria da não-cooperação; mas a ela se contrapôs outra tendência, direitista ou revisionista, que, contrariamente à tática gandhista, propunha a participação nos conselhos de reforma, criados pela Inglaterra para domesticar a burguesia indiana. Ao mesmo tempo apareceu na assembléia, emancipada do gandhismo, uma nova corrente revolucionária de inspiração socialista. O programa dessa corrente, dirigido pelos núcleos de estudantes e emigrados indianos na Europa, propunha a separação completa da Índia do Império Britânico, a abolição da propriedade feudal da terra, a supressão dos impostos indiretos, a nacionaliza-ção de minas, ferrovias, telégrafos e demais serviços públicos, a intervenção do Estado na gestão da grande indústria, uma moderna legislação do trabalho etc. Posteriormente, a cisão continuou aprofundando-se. As duas grandes facções mostravam um conteúdo e uma fisionomia classistas. A tendência revolucio-nária era seguida pelo proletariado, que, duramente explorado e sem o amparo de leis protetoras, sofria ainda mais a dominação inglesa. Os pobres e humildes eram fiéis a Gandhi e à revolução, enquanto o proletariado industrial se organizava em sindicatos em Bombaim e outras cidades indianas. A tendência de direita, ao contrário, abrigava as castas ricas, os *parsis,* comerciantes, latifundiários.

O método da não-cooperação – sabotado pela aristocracia e pela burguesia indianas e contrariado pela realidade econômica – foi perdendo, pouco a pouco, sua força. O *boycot* dos tecidos ingleses e o retorno à lírica roca não puderam prosperar: a indústria manual era incapaz de concorrer com a indústria mecânica. O povo indiano, ademais, não tinha interesse em resistir ao proletariado inglês, aumentando as causas do desemprego naquele país, com a perda de um grande mercado. Não se esqueciam de que a causa da Índia precisava do apoio do partido trabalhista da Inglaterra. Em contrapartida, os funcionários demissionários voltaram, em grande parte, a seus postos. Relaxaram-se, em suma, todas as formas da não-cooperação.

Quando o governo trabalhista de MacDonald o anistiou e libertou, Gandhi encontrou o movimento nacionalista indiano reduzido e fragmentado. Pouco tempo antes, a maioria do Congresso Nacional, reunido extraordinariamente em Delhi, em setembro de 1923, havia se declarado favorável ao partido Swaraj, dirigido por C. R. Das, cujo programa se conformava em reclamar para a Índia os direitos dos "Domínios" britânicos e se preocupava em obter para o capitalismo indiano sólidas e seguras garantias.

Atualmente Gandhi já não lidera nem controla a orientação política da maior parte do nacionalismo indiano. Nem a direita, que deseja a colaboração com os ingleses, nem a extrema esquerda, que aconselha a insurreição, lhe obedecem. O número de seus correligionários decresceu. Mas, se sua autoridade de líder político decaiu, seu prestígio de asceta e de santo não parou de aumentar. Um certo jornalista contou como afluíam peregrinos de diversas raças e regiões asiáticas ao retiro do Mahatma. Gandhi recebe, sem cerimônias e sem protocolo, todo aquele que bate à sua porta. Ao redor de sua morada vivem centenas de indianos felizes em sentir-se perto dele.

Essa é a gravitação natural da vida do Mahatma. Sua obra é mais religiosa e moral do que política. Em seu diálogo com Rabindranath Tagore, o Mahatma declarou sua intenção de introduzir a religião na política. A teoria da não-cooperação está saturada de preocupações éticas. Gandhi não é, verdadeiramente, o caudilho da liberdade da Índia, mas sim o apóstolo de um movimento religioso. A autonomia da Índia não lhe interessa, não lhe apaixona, senão secundariamente. Não sente nenhuma pressa em chegar a ela. Quer, antes de tudo, purificar e elevar a alma indiana. Ainda que sua mentalidade esteja nutrida, em parte, de cultura européia, o Mahatma repudia a civilização do Ocidente. Repugna-lhe seu materialismo, sua impureza, sua sensualidade. Como Ruskin e como Tolstói, os quais leu e os quais ama, detesta a máquina. A máquina é para ele o símbolo da "satânica" civilização ocidental. Não quer, conseqüentemente, que o maquinismo e sua influência se aclimatem na Índia. Acredita que a máquina é o agente e o motor das idéias ocidentais e que a psicologia hindustana não é adequada a uma educação européia; mas ousa esperar que a Índia, fechada em si mesma, elabore uma moral boa para o uso dos demais povos. Indiano até a medula, pensa que a Índia pode ditar ao mundo sua própria disciplina. Seus fins e sua atividade – que almejam a confraternização de hinduístas e maometanos ou a redenção dos *intocáveis*, dos párias – têm uma vasta transcendência política e social. Mas sua inspiração é essencialmente religiosa.

Gandhi se classifica como um "idealista prático". Henri Barbusse o considera, ademais, um verdadeiro revolucionário. Diz, em seguida, que "esse termo designa em nosso espírito a quem, tendo concebido, em oposição à ordem política e social estabelecida, uma ordem diferente, se consagra à realização desse plano ideal por meios práticos". E agrega que "o utópico não é um verdadeiro revolucionário, por mais subversivas que sejam suas sem-razões". A definição é excelente. Mas Barbusse crê também que, "se Lenin tivesse se encontrado no lugar de Gandhi, teria falado e agido como ele". Essa hipótese é arbitrária. Lenin era um realizador e um realista, assim como indiscutivelmente um idealista prático. Não está provado que a não-cooperação e a não-violência sejam a única via da emancipação indiana. Tilak, o antigo líder do nacionalismo indiano, não teria desprezado o método insurrecional. Romain Rolland opina que Tilak, cujo gênio enaltece, teria podido se entender com os revolucionários russos. Tilak, não obstante, não era menos asiático nem menos indiano que Gandhi. Mais fundada que a hipótese de Barbusse é a hipótese oposta, a de que Lenin teria tentado aproveitar a guerra e suas conseqüências para libertar a Índia e em nenhuma circunstância deteria os indianos no caminho da insurreição. Gandhi, dominado por seu temperamento moralista, não sentiu às vezes a mesma necessidade de liberdade que sentia seu povo. Sua força, entretanto, dependeu – mais do que apenas de seu discurso religioso – principalmente das possibilidades que esta oferecia para a resolução da escravidão e da fome dos indianos.

A teoria da não-cooperação continha muitas ilusões. Uma delas era a ilusão medieval de reviver na Índia uma economia superada. A roca é impotente para resolver a questão social de qualquer povo. O argumento de Gandhi de que "a Índia já viveu assim antes" é demasiadamente ingênuo e anti-histórico. Por mais cética e desconfiada que seja sua atitude perante o Progresso, um homem moderno rejeita instintivamente a idéia de que se possa voltar atrás. Uma vez adquirida a máquina, é difícil que a humanidade renuncie a empregá-la. Nada pode conter a infiltração da civilização ocidental na Índia. Tagore tem plena razão nesse caso, durante sua polêmica com Gandhi. "O problema de hoje é mundial. Nenhum povo pode buscar sua saúde separando-se dos outros. Ou salvar-se juntos ou desaparecer juntos."

As críticas contra o materialismo ocidental são exageradas. O homem do Ocidente não é tão prosaico e torpe como alguns espíritos contemplativos e estáticos supõem. O socialismo e o sindicalismo, apesar de sua concepção materialista da história, são menos materialistas do que parecem. Apóiam-se sobre o interesse da maioria, mas tendem a enobrecer e dignificar a vida. Os ocidentais são místicos e religiosos a seu modo. Por acaso a emoção revolucionária não é uma emoção religiosa? O fato é que no Ocidente a religiosidade se transferiu do céu à terra. Seus motivos são humanos, sociais, e não divinos. Pertencem à vida terrena e não à celeste.

A condenação da violência é mais romântica do que a própria violência. A Índia não conseguirá forçar a burguesia inglesa a devolver-lhe sua liberdade somente com armas morais. Os honestos juízes britânicos reconhecerão, quantas vezes for necessário, a honradez dos apóstolos da não-cooperação e do *satyagraha*; mas ainda assim seguirão condenando-os a seis anos de prisão. A revolução não se faz, infelizmente, com jejuns. Os revolucionários de todos os cantos têm de escolher entre sofrer a violência e usá-la. Se não se quer que o espírito e a inteligência estejam às ordens da força, é necessário colocar a força às ordens da inteligência e do espírito.

RABINDRANATH TAGORE[1]

Um dos aspectos essenciais da personalidade do grande poeta indiano Rabindranath Tagore é seu generoso internacionalismo. Internacionalismo de poeta, não de político. A poesia de Tagore ignora e condena o ódio; não conhece e exalta senão o amor. O sentimento nacional, na obra de Tagore, não é nunca uma negação; é sempre uma afirmação. Tagore pensa que todo o humano é seu. Trabalha para consubstanciar sua alma na alma universal. Exploremos essa região do pensamento do poeta. Definamos sua posição perante o Ocidente e perante Gandhi e sua doutrina.

A obra de Tagore contém vários exemplos de sua filosofia política e moral. Um dos mais interessantes e nítidos é seu romance *A casa e o mundo*. Além de ser um grande romance humano, *A casa e o mundo* é um grande romance indiano. Os personagens – o rajá Nikhil, sua esposa Bimala e o agitador nacionalista Sandip – se movem no ambiente do movimento nacionalista, do movimento *swadeshi*, como se chama em língua indiana e como já é designado em todo o mundo. As paixões, as idéias, os homens, as vozes da política gandhiana da não-cooperação e da desobediência passiva passam pelas cenas do admirável romance. O poeta bengali, pela boca de um de seus personagens, o doce rajá Nikhil, polemiza com os instigadores e apoiadores do movimento *swadeshi*. Nikhil pergunta a Sandip: "Como você pretende adorar a Deus odiando a outras pátrias que são, exatamente como a sua, manifestações de Deus?". Sandip responde que "o ódio é um complemento do culto". Bimala, a mulher de Nikhil, sente-se como Sandip: "Eu gostaria de tratar meu país

---

[1] Publicado originalmente no livro *La escena contemporánea,* Lima, Minerva, 1925.

como uma pessoa, chamá-lo de mãe, deusa, Durga; e por essa pessoa eu avermelharia a terra com o sangue dos sacrifícios. Eu sou humana; não sou divina". Sandip exulta: "Veja, Nikhil, como a verdade se faz carne e sangue no coração de uma mulher! A mulher sabe ser cruel: sua violência é semelhante à de uma tempestade cega, terrível e bela. A violência do homem é feia porque alimenta em seu seio os vermes roedores da razão e do pensamento. São nossas mulheres que salvarão a pátria. Devemos ser brutais sem vacilação, sem raciocínio".

O tom de Sandip não é, certamente, o tom de um verdadeiro gandhiano, sobretudo quando, invocando a violência, recorda esses versos exaltados: "Vem, Pecado esplêndido. Que teus rubros beijos vertam em nosso sangue a púrpura queimante de sua chama! Há de soar a trombeta do mal imperioso. E tecer sobre vossas faces a grinalda da injustiça exultante!".

Não é essa a linguagem de Gandhi; mas pode ser a de seus discípulos. Romain Rolland, depois de ter estudado a doutrina *swadeshi* nos discípulos de Gandhi, exclama: "Temíveis discípulos! Quanto mais puros, mais funestos! Que Deus preserve a um grande homem desses amigos que não apreendem senão uma parte de seu pensamento! Codificando-o, destroem sua harmonia".

O livro de Romain Rolland sobre Gandhi resume o diálogo político entre Rabindranath Tagore e o Mahatma. Tagore explica assim seu internacionalismo: "Todas as glórias da humanidade são minhas. A Infinita Personalidade do Homem (como dizem os *Upanishads*) não pode ser realizada senão numa grandiosa harmonia de todas as raças humanas. Minha pregação é para que a Índia represente a cooperação de todos os povos do mundo. A Unidade é a Verdade. A Unidade é aquilo que compreende tudo e, portanto, não pode ser alcançada pela via da negação. O esforço atual para separar nosso espírito do espírito do Ocidente é uma tentativa de suicídio espiritual. A época atual esteve poderosamente possuída pelo Ocidente. Isso só foi possível porque ao Ocidente foi designada alguma grande missão para o homem. Nós, os homens do Oriente, temos aqui algo para nos instruir. É um mal sem dúvida que, há muito tempo, não tenhamos estado em contato com nossa própria cultura e que, em conseqüência disso, a cultura ocidental não esteja colocada no plano correto. Mas dizer que é ruim seguir se relacionando com ela significa alentar a pior forma de provincianismo, que não produz senão indigência intelectual. O problema de hoje é mundial. Nenhum povo pode encontrar sua saúde separando-se dos outros. Ou salvar-se juntos ou desaparecer juntos".

Rabindranath Tagore defende a colaboração entre o Oriente e o Ocidente, reprova o *boycot* às mercadorias ocidentais e não espera um resultado taumatúrgico no retorno à roca. "Se as grandes máquinas são um perigo para o espírito do Ocidente, não seriam as pequenas máquinas um perigo maior para nós?" Nessas opiniões, Rabindranath Tagore, não obstante seu profundo idealismo, mostra-se na verdade mais realista que Gandhi. A Índia, de fato, não pode reconquistar sua liberdade isolando-se misticamente da ciência e das máquinas ocidentais. A experiência política da não-cooperação foi adversa às previsões de Gandhi. Mas Rabindranath Tagore parece extraviar-se na abstração quando critica Gandhi por sua atividade de chefe político. Teria origem essa crítica na convicção de que Gandhi possui um temperamento de reformador religioso e não de chefe político, ou seria um simples desdém ético e estético pela política? No primeiro caso, Tagore terá razão. Em meu estudo sobre Gandhi tive a ocasião de sustentar a tese de que a obra do Mahatma, mais do que política, é moral e religiosa, enquanto sua força não dependeu tanto de sua pregação religiosa quanto do fato de que esta ofereceu aos indianos uma solução para sua escravidão e para sua fome ou, melhor dizendo, apoiou-se em um interesse político e econômico.

Mas provavelmente Tagore se inspira somente em considerações de poeta e de filósofo. Tagore sente menos ainda que Gandhi o problema político e social da Índia. O mesmo Swaraj (*home rule*) não lhe preocupa demasiadamente. Uma revolução política e social não lhe apaixona. Tagore não é um realizador: é um poeta e um ideólogo. Gandhi, nessa questão, acusa uma intuição mais profunda da verdade. "É a guerra", diz. "Que o poeta deponha sua lira! Cantarei depois." Nessa passagem de sua polêmica com Tagore, a voz do Mahatma tem um tom profético: "O poeta vive para o amanhã e queria que nós fizéssemos o mesmo… É preciso tecer! Que cada um teça! Que Tagore teça como os demais! Que queime suas roupas estrangeiras! É o dever de hoje. Deus se ocupará do amanhã. Como diz a *Gita*: Cumpra a ação justa!". Tagore na verdade parece um pouco ausente da alma de seu povo. Não sente seu drama. Não compartilha sua paixão e sua violência. Esse homem tem uma grande sensibilidade intelectual e moral; mas, neto de um príncipe, herdou uma noção um pouco palaciana e aristocrática da vida. Conserva demasiadamente arraigado, em sua carne e em sua alma, o sentimento de hierarquia. Para sentir e compreender plenamente a revolução indiana e o movimento *swadeshi*, falta-lhe estar um pouco mais perto do povo, um pouco mais perto da história.

Tagore não olha a civilização ocidental com a mesma ojeriza, com a mesma raiva que o Mahatma. Não a qualifica, como o Mahatma, de "satânica". Mas pressente seu fim e denuncia seus pecados. Pensa que a Europa está roída por seu materialismo. Repudia o homem da cidade. A hipertrofia urbana lhe parece um dos agentes ou um dos signos da decadência ocidental. As Babilônias modernas não lhe atraem; entristecem-no. Ele as julga espiritualmente estéreis. Ama a vida do campo que mantém o homem em contato com "a natureza fonte da vida". Nota-se aqui que, no fundo, Tagore é um homem de gostos patriarcais rurais. Sua impressão da crise capitalista, impregnada de sua ética e de sua metafísica, é, não obstante, penetrante e concreta. A riqueza ocidental, segundo Tagore, é uma riqueza voraz. Os ricos do Ocidente desviam a riqueza de seus fins sociais. Sua cobiça e seu luxo violam os limites morais do uso dos bens que administram. O espetáculo dos prazeres dos ricos engendra o ódio de classes. O amor ao dinheiro faz que o Ocidente se perca. Tagore tem, em suma, um conceito patriarcal e aristocrático da riqueza.

Em Rabindranath Tagore, o poeta certamente supera o pensador. Tagore é, antes de tudo e sobretudo, um grande poeta, um artista genial. Em nenhum livro contemporâneo há tanto perfume poético e tanta profundidade lírica como em *Gitangali*. A poesia de *Gitangali* é suave, simples, camponesa. E, como diz André Gide, tem o mérito de não ter sido engravidada por nenhuma mitologia. Em *A lua nova* e em *O jardineiro* se encontram a mesma pureza, a mesma simplicidade, a mesma graça divina. Poesia profundamente lírica. Sempre voz do homem. Nunca voz da multidão. E, não obstante, perenemente grávida, eternamente cheia de emoção cósmica.

ÁLVARO OBREGÓN[1]

O general Obregón, assassinado dezessete dias depois de ser eleito presidente do México, liderou a Revolução Mexicana num de seus períodos de maior atividade realizadora. Tinha porte, têmpera e dons de chefe, características que lhe permitiram presidir um governo que, com um amplo consenso da opinião pública, liquidou uma etapa de turbulências e contradições, quando o processo revolucionário mexicano concretizou seu sentido e coordenou suas energias. O governo de Obregón representou um movimento de concentração das melhores forças revolucionárias do México. Ele iniciou um período de realização firme e sagaz dos princípios revolucionários, apoiado no partido agrarista, nos sindicatos operários e nos intelectuais renovadores. Sob seu governo, entraram em vigor as novas normas constitucionais contidas na Carta de 1917. A reforma agrária – identificada por Obregón como o principal objetivo do movimento popular – começou a traduzir-se em atos. A classe trabalhadora consolidou suas posições e acrescentou à revolução seu poder político e social, enquanto a ação educacional, dirigida e animada por um dos mais eminentes homens da América, José **Vasconcelos**, deu uma aplicação prática, fecunda e criativa aos esforços dos intelectuais e artistas.

A política governamental de Obregón conseguiu esses resultados por acertar em associar a seus objetivos a maior soma de elementos para a reconstrução. Seu êxito se deveu à virtude taumatúrgica do caudilho: ele fortaleceu o Estado surgido da revolução, definindo e assegurando sua solidariedade

---

[1] Publicado originalmente com o título "Obregón y la Revolucion Mexicana" em *Variedades*, Lima, 21 de julho de 1928.

com as mais extensas e ativas camadas sociais. O Estado se proclamou e se considerou órgão do povo, de modo que seu destino e sua gestão deixavam de depender do prestígio pessoal de um caudilho para vincular-se estreitamente aos interesses e sentimentos das massas. A estabilidade de seu governo se assentou numa ampla base popular. Obregón não governava em nome de um partido, mas sim de uma concentração revolucionária, cujas diversas reivindicações constituíam um programa. Era essa aptidão para unificar e disciplinar as forças revolucionárias que indicava, precisamente, suas qualidades de líder e de condutor.

A força pessoal de Obregón tinha origem em sua história de general da revolução, em grande parte por sua atuação militar, admirada pela população principalmente pela contribuição que havia significado à sua causa. A folha de serviços do general Obregón tinha valor para o povo por ser a de um general revolucionário que, ao se orgulhar de seus 800 quilômetros de campanha, evocava o penoso processo de uma epopéia multitudinária.

Obregón era, até pouco tempo atrás, o homem que mais merecia a confiança das massas. Para os povos como os da América, que não progrediram politicamente o bastante para que seus interesses se traduzissem claramente em partidos e programas, esse fator pessoal ainda joga um papel decisivo. A Revolução Mexicana, ademais, atacada de fora por seus inimigos históricos, sabotada de dentro por suas próprias excrescências, acredita ainda necessitar à sua cabeça de um chefe militar, com autoridade suficiente para manter nos limites as tentativas armadas dos reacionários. Ela presenciou muitas deserções, causadas pela intriga dos reacionários, que astutamente influenciavam as ambições pessoais e egoístas de homens inseguros, situados acidentalmente no campo revolucionário por um capricho do acaso. Houve o caso de Adolfo de la Huerta – dando a mão aos reacionários, depois de haver participado do movimento contra Carranza e ter ocupado provisoriamente o poder –, seguido de perto pelos generais Serrano e Gómez.

Por isso, ao aproximar-se o término do mandato de **Calles**, a maioria dos elementos revolucionários designou o general Obregón para a sucessão à Presidência. Isso podia dar a muitos a impressão de que se estabelecia uma guinada antipática no poder. As candidaturas Serrano e Gómez – tragicamente liquidadas há alguns meses – se aproveitaram para resistir a essa possibilidade. Mas a fórmula Obregón – para quem examinasse objetivamente os fatores atuais da política mexicana – aparecia ditada por motivos concretos, em defesa da revolução.

Obregón não era, certamente, um ideólogo, mas seu forte braço de soldado da Revolução podia apoiar-se no trabalho de definição e experimentação de uma nova ideologia. A reação o temia e o odiava, adulando-o e muitas vezes acreditando que fosse mais moderado que Calles. Obregón era sem dúvida moderado e prudente, mas não precisamente no sentido que a reação suspeitava. Sua moderação e prudência, até o ponto em que foram usadas, haviam servido à afirmação das reivindicações revolucionárias e à estabilização do poder popular.

A morte engrandece sua figura na história da Revolução Mexicana. Quem sabe se seu segundo governo não tivesse conseguido ser tão bem-sucedido como o primeiro… O poder às vezes envaidece os homens e embota seus instintos e sensibilidade políticas.

Esse efeito é comum entre os homens de uma revolução que carecem de uma forte disciplina ideológica. A figura de Obregón se salvou desse perigo. Assassinado por um fanático, de cujas cinco balas foi descarregado o ódio de todos os reacionários do México, Obregón conclui sua vida, heróica e revolucionariamente, e fica definitivamente incorporado à epopéia de seu povo, com os mesmos timbres de Madero, Zapata e Carrillo. Sua ação e vida pertenceram a uma época de violência. Não lhe foi dada, por isso, a oportunidade de terminar seus dias serenamente. Morreu como morreram muitos de seus tenentes e quase todos os seus soldados. Pertencia à velha guarda de uma geração educada no rigor da guerra civil, que havia aprendido mais a morrer do que a viver e havia feito instintivamente sua uma idéia que se apodera com facilidade dos espíritos nesta época revolucionária: "viva perigosamente".

Capa da primeira edição de *La tragedia del Altiplano*.

TRISTÁN MAROF[1]

Um Dom Quixote da política e da literatura americanas, Tristán Marof, ou Gustavo Navarro, como preferirem, depois de repousar de sua última aventura em Arequipa, esteve em Lima por algumas horas, de passagem para Havana. Aonde teria eu visto antes seu perfil semita e sua barba escura? Em nenhum lugar, porque a barba escura de Tristán Marof é um improviso recente. Tristán Marof não usava barba antes. Essa barba varonil, que parece tão antiga em sua cara mística e irônica, é completamente nova: ajudou-o a escapar de seu confinamento e a asilar-se no Peru; formou parte de seu disfarce; e, agora, parece pedir que a deixem ficar onde está. É uma barba espontânea, que não obedece a nenhuma razão sentimental nem estética, que tem sua origem numa necessidade e utilidade e que, por isso mesmo, ostenta uma tremenda vontade de viver, resultando num aspecto tão arquitetônico e decorativo.

A literatura de Tristán Marof – *El ingenuo continente americano, Suetonio Pimienta, La justicia del inca* etc. – é como sua barba. Não é uma literatura premeditada, do literato que busca fama e dinheiro com seus livros. É possível que Tristán Marof ocupe mais tarde um lugar eminente na história da literatura da Indo-América, mas isso ocorrerá sem que ele o busque. Faz literatura pelos mesmos motivos que faz política; e é o menos literato possível. Tem lhe sobrado talento para escrever volumes esmerados; mas tem demasiada ambição para contentar-se com uma glória pequena e anacrônica. Homem de uma época vitalista, ativista, romântica e revolucionária – com sensibilidade de cau-

---

[1] Publicado originalmente com o título "La aventura de Tristán Marof" em *Variedades*, Lima, 3 de março de 1928.

dilho e de profeta –, Tristán não podia considerar digno dele o destino de uma literatura histórica. Cada livro seu é um documento de sua vida, de seu tempo. Documento vivo; e, mais do que um documento, um ato. Não é uma literatura bonita, nem cuidada, mas sim vital, econômica, pragmática. Como a barba de Tristán Marof, essa literatura se identifica com sua vida e com sua história.

Suetonio Pimienta é uma sátira contra o tipo de diplomata rastaquera e improvisado que tão liberalmente produz a América do Sul e Central, diplomata de origem eleitoral ou "revolucionário" na acepção sul-americana do vocábulo. *La justicia del inca* é um livro de propaganda socialista para o povo boliviano. Tristán Marof sentiu o drama de seu povo e o fez seu. Podia tê-lo ignorado, na sensual e burocrática comodidade de um posto diplomático ou consular. Mas Tristán Marof é da estirpe romântica e donquixotesca que, com alegria e paixão, se vê predestinada a criar um mundo novo.

Como Waldo **Frank** – como tantos outros americanos entre os quais me incluo –, na Europa descobriu a América. E renunciou ao salário de diplomata para trabalhar duramente na obra iluminada e profética de anunciar e realizar o destino do continente. A polícia de sua pátria – capitaneada por um intendente fugido prematuramente de um possível romance de Tristán Marof – o condenou ao confinamento num rincão perdido das montanhas bolivianas. Mas assim como não se confina jamais uma idéia, não se confina tampouco um espírito expansivo e incoercível como o de Tristán Marof. A polícia pacenha poderia ter encerrado a Tristán Marof num baú com chave dupla. Como um faquir, Tristán Marof teria desaparecido do baú, sem violentá-lo nem quebrá-lo, para reaparecer na fronteira, com uma barba muito negra na face pálida. Na fuga, Tristán Marof teria sempre deixado crescer sua barba.

Pode ser que interesse a alguns o literato; a mim interessa mais o homem. Ele tem a figura de prócer, aquilina e séria, dos homens que nascem mais para fazer a história do que para escrevê-la. Eu nunca o havia visto antes; mas já o havia encontrado muitas vezes, em Milão, Paris, Berlim, Viena, Praga ou em qualquer das cidades onde, num café ou num comício, tropecei com homens em cujos olhos se podia ver a mais ampla e ambiciosa esperança. Lenines, Trotskys, Mussolinis de amanhã. Como todos eles, Marof às vezes tem um ar jovial e grave. É um Dom Quixote de agudo perfil profético. É um desses homens perante os quais não cabe a ninguém a dúvida de que dará o que falar na posteridade. Olha a vida com uma alegre confiança, com uma robusta segurança de conquistador. A seu lado lhe acompanha sua forte e bela mulher, uma Dulcinéia, muito humana e moderna, com olhos de boneca inglesa e porte de valquíria.

Falta a este artigo uma citação de um livro de Marof. Tirá-la-ei de *La justicia del inca*. Escolherei estas linhas, que fazem justiça sumária a Alcides **Arguedas**: "Escritor pessimista, tão órfão de observação econômica como obcecado em sua amarga crítica ao povo boliviano, Arguedas tem todas as enfermidades que cataloga em seu livro: sem brilho, sem emoção exterior, tímido até a prudência, mudo no Parlamento, grande elogiador do general Montes... Seus livros têm a tristeza do altiplano. Sua mania é a decência. A sombra que não lhe deixa dormir: a plebe. Quando escreve que o povo boliviano *está doente*, eu não vejo a doença. De que está enfermo? Viril, heróico, de grande passado, a única doença que o carcome é a pobreza".

Esse é Tristán Marof. E essas são minhas boas-vindas e meu adeus a esse cavaleiro andante da América do Sul.

JOSÉ INGENIEROS [1]

Nossa América perdeu um de seus maiores mestres. José Ingenieros era no Continente um dos principais representantes da Inteligência e do Espírito. Nele os jovens encontravam, ao mesmo tempo, um exemplo intelectual e moral. Ingenieros soube ser, além de um homem de ciência, um homem de seu tempo. Não se contentou em ser um ilustre catedrático; quis ser um mestre. Isso é o que torna sua figura ainda mais respeitável e admirável.

A ciência e as letras ainda estão, no mundo inteiro, demasiadamente domesticadas pelo poder. O sábio e o professor mostram, geralmente, e sobretudo na velhice, uma alma burocrática. As honras, os títulos e as medalhas os convertem em humildes funcionários da ordem estabelecida. Outros secretamente repudiam e desdenham suas instituições; mas, em público, aceitam sem protestar a servidão que se lhes impõe. A ciência, como sempre, tem um valor revolucionário; mas os homens de ciência não. Como homens, como indivíduos, se conformam em adquirir um valor acadêmico. Parece que em seu trabalho científico esgotam sua energia. Não lhes sobra já aptidão para conceber ou sentir a necessidade de outras renovações, estranhas a seu estudo e a sua disciplina. O desejo de comodidade, em todo caso, atua de um modo demasiadamente enérgico sobre sua consciência. E assim se dá no caso de um sábio do nível de **Ramón y Cajal**, que fala em nome dos cortesãos de uma monarquia decrépita. Ou no de Miguel Turró, que se incorporou ao séquito do general libertino, que há dois anos desempenha na Espanha o papel de ditador.

---

[1] Publicado originalmente em *Variedades*, Lima, 7 de novembro de 1925.

José Ingenieros pertencia à mais pura categoria de intelectuais livres. Era um intelectual consciente da função revolucionária do pensamento e, sobretudo, um homem sensível à emoção de sua época. Para Ingenieros, a ciência não era tudo. A ciência, para ele, tinha a missão e o dever de servir ao progresso social.

Ingenieros não se entregava à política. Continuava sendo um homem de estudos, de cátedra. Mas não via a política como conflito de idéias e de interesses sociais, nem tinha por ela o desdém absurdo que sentem ou simulam outros intelectuais, demasiadamente tímidos para assumir a responsabilidade de uma fé e mesmo de uma opinião. Em sua *Revista de Filosofía* – que ocupa o primeiro lugar entre as revistas de sua classe na Ibero-América – reservou um lugar especial ao estudo dos fatos e das idéias da crise política contemporânea e, particularmente, à explicação do fenômeno revolucionário.

A maior prova da sensibilidade e da penetração históricas de Ingenieros me parece ser sua atitude perante o pós-guerra. Ingenieros percebeu que a guerra abria uma crise que não se podia resolver com velhas receitas. Compreendeu que a reconstrução social não podia ser obra da burguesia, mas sim do proletariado. Num instante em que egrégios e robustos homens de ciência não conseguiam senão balbuciar seu medo e sua incerteza, José Ingenieros acertou ao ver e falar claro. Seu livro *Los nuevos tiempos* é um documento que honra a inteligência ibero-americana.

Na Revolução Russa, o olhar sagaz de Ingenieros viu, desde o primeiro momento, o princípio de uma transformação mundial. Poucas revistas de cultura revelaram um interesse tão inteligente pelo processo da Revolução Russa como a revista de José Ingenieros e Aníbal **Ponce**. O estudo de Ingenieros sobre a obra de Lunatcharsky no Comissariado de Educação Pública dos sovietes fica como um dos primeiros e mais elevados estudos da ciência ocidental a respeito do valor e do sentido dessa obra.

Essa atitude mental de Ingenieros correspondia ao estado de ânimo da nova geração. Ele se apresenta, portanto, como um mestre com capacidade e ardor para sentir com a juventude, que, como diz **Ortega y Gasset**, se raras vezes tem razão no que nega, sempre tem razão no que afirma. Ingenieros transformou em raciocínio o que na juventude era um sentimento. Seu juízo aclarou a consciência dos jovens, oferecendo uma sólida base para sua vontade e para seu desejo de renovação.

A formação intelectual e espiritual de Ingenieros correspondia a uma época que os "novos tempos" vinham, precisamente, a contradizer e retificar seus conceitos mais fundamentais. Ingenieros, no fundo, permanecia demasiadamente fiel ao racionalismo e ao criticismo dessa época de plenitude da ordem demo-liberal. Esse racionalismo e criticismo conduzem geralmente ao ceticismo e são adversos ao *pathos* da revolução.

Mas Ingenieros compreendeu, sem dúvida, seu ocaso. Deu-se conta, seguramente, de que nele envelhecia uma cultura. Mesmo assim, não desalentou nunca o impulso nem a fé dos jovens – chamados a criar uma nova cultura – com reflexões céticas. Pelo contrário, os estimulou e fortaleceu sempre com palavras enérgicas. Como verdadeiro mestre, como altíssimo guia, pode ser apresentado e definido por estes conceitos: "Entusiasta e ousada há de ser a juventude: sem entusiasmo de nada servem ideais bonitos, sem ousadia não se realizam atos honrosos. Um jovem sem entusiasmo é um cadáver que anda; está morto em vida, para si mesmo e para a sociedade. Por isso um entusiasta, exposto a equivocar-se, é preferível a um indeciso que não se equivoca nunca. O primeiro pode acertar; o segundo não pode fazê-lo jamais. A juventude termina quando se apaga o entusiasmo... A inércia perante a vida é covardia. Não basta na vida pensar num ideal; é necessário aplicar todo esforço em sua realização... O pensamento vale pela ação social que permite desenvolver".

Em torno de José Ingenieros e de seu ideário se constituiu na República Argentina o grupo Renovación, que publica o "boletín de ideas, libros y revistas" com esse nome, dirigido por Gabriel S. Moreau, e que serve de órgão atualmente à União Latino-americana. De forma geral, o pensamento de Ingenieros teve uma poderosa e extensa irradiação em toda a nova geração hispano-americana. A União Latino-americana, presidida por Alfredo **Palacios**, surgiu, em grande medida, como uma concepção de Ingenieros.

Não recordemos melancolicamente a bibliografia do escritor que morreu, para lhe tecer uma coroa com os títulos de seus livros. Deixemos isso para as notas necrológicas feitas por aqueles que acham que o valor de Ingenieros se encontra apenas em seus volumes. Mais do que os livros, importa o significado e o espírito do mestre.

Caricatura apresentada na Exposición de la Actual Poesía Argentina (1922-1927).

OLIVERIO GIRONDO [1]

Esse Oliverio sul-americano e humorista não se parece nem um pouco com o hamletiano e melancólico Oliverio, amigo de Juan Cristóbal. Não é provável que, como o lutador de Romain Rolland, venha a morrer num primeiro de maio enlutado.

Girondo é um poeta de robusta figura gaúcha. A civilização ocidental aguçou seus cinco ou mais sentidos, mas não lhes afrouxou ou corrompeu. Mesmo depois de se embriagar com todos os ópios do Ocidente, não mudou sua essência. A Europa o inoculou com os bacilos de seu ceticismo e de seu relativismo, mas ele voltou intacto ao pampa.

Essa alegre barbárie, que a civilização ocidental não conseguiu domesticar, diferencia sua arte da que, em ânforas disparatadas, parecidas às suas, se engarrafa e se consome nas cidades do Ocidente. Na poesia de Girondo o bordado é europeu, urbano e cosmopolita, mas a trama é gaúcha.

A literatura européia de vanguarda – ainda que isso não agrade a Guillermo de **Torre** – representa a flora ambígua de um mundo em decadência. Não a chamaremos literatura "fim-de-século" – para não coincidir com Eugenio **d'Ors** –, mas de literatura "fim-de-época". Nas escolas ultramodernas se desmancha, se anarquiza e se dissolve a velha arte em buscas exasperadas e acrobacias tragicômicas. Não são todavia um nascimento; são na verdade um declínio. Os coloridos crepusculares desta hora prenunciam sem dúvida algumas matizes da nova arte, mas não seu espírito. O humor da literatura contemporânea é mórbido. Girondo sabe disso e o sente. Eu subscrevo sem vacilar seu juízo

---

[1] Publicado originalmente em *Variedades*, Lima, 15 de agosto de 1925.

sobre Proust: "As frases e idéias de Proust se desenvolvem e se enroscam como enguias que nadam em aquários; às vezes deformadas por um efeito de refração, outras unidas em acoplamentos viscosos, sempre envoltas nesta atmosfera que tão-somente se encontra nos aquários e em suas obras".

O ofício das escolas de vanguarda – dessas escolas que nascem como cogumelos – é negativo e dissolvente. Elas têm a função de dissociar e destruir todas as idéias e sentimentos da arte burguesa. Em vez de buscar a Deus, buscam o átomo. Não nos conduzem à unidade; desviam-nos por mil rotas diferentes, desesperadamente individualistas, num dédalo finito e zombeteiro. Seus ácidos corroem os mitos antigos. O frenesi com que zombam de todas as solenes alegorias retóricas é o que as escolas ultramodernas têm de revolucionário: nada do mundo burguês lhes parece respeitável. Difamam e desagregam a eternidade burguesa com ironias sutis, limpando a superfície do Novecentos de todas as fezes, clássicas ou românticas, dos séculos mortos. Quando se livrarem de Judas, com todos os remendos, e de todas as metáforas da literatura burguesa, a arte e o mundo recuperarão sua inocência.

Já começaram a recuperá-la na Rússia. O poeta da revolução, Vladimir **Maiakovski**, filho do futurismo, fala aos homens numa linguagem trágica. Guillermo de la Torre se dá conta, em sua apologia das literaturas européias de vanguarda, de que "vozes de um sotaque puro, nobre e dramático se sobressaem entre o coro dos demais poetas da Europa como algo irônico e humorístico".

A voz de Oliverio Girondo pertence a esse coro? Não sei por que insisto em minha convicção de que Girondo é de outra estirpe. Penso que a sátira não é senão uma estação de seu itinerário, um episódio de seu romance. Por agora, o melhor é não levar a sério essas coisas.

Seus *Veinte poemas para ser leídos en el tranvía* e suas *Calcomanías* podem ser desprezados pela crítica asmática e pedante. Apesar disso, Girondo é um dos valores mais interessantes da poesia da América hispânica. Entre uma ária sentimental do velho parnasiano e uma "gritaria" acérrima e estridente, Oliverio Girondo pelo menos nos oferece uma visão verdadeira da realidade. Vejamos aqui uma cena da procissão de Sevilha: "Os cavalos – com a boca ensaboada, como se fossem se barbear – têm as ancas lustrosas, que as mulheres aproveitam para ajeitar a mantilha e averiguar, sem virar-se, quem lança um olhar a seus quadris".

Para alguns essa poesia tem o grave defeito de não ser poesia. Mas essa é apenas uma questão de gosto. A poesia, matéria preciosa, não está presente no quartzo poético senão em mínimas proporções. O que mudou não foi a poesia, mas sim sua cristalização. O elemento poético se mescla, na obra dos poetas contemporâneos, a ingredientes novos, entre os quais, por exemplo, o humor. Os que estão habituados a degustar a poesia somente nos molhos teóricos clássicos não podem digerir os poemas de Girondo. E ficam indignados quando a crítica moderna o classifica como um poeta profundo e autêntico. Se nos remetermos aos hesitantes "noturnos" de Girondo, encontraremos emoções poéticas como as seguintes: "Hora em que os móveis velhos aproveitam para livrar-se das mentiras e em que os encanamentos dão gritos estrangulados, como se asfixiassem dentro das paredes".

"Às vezes se pensa, ao ligar a chave da eletricidade, no espanto que sentirão as sombras e na vontade que temos de avisá-las, para que tenham tempo de encolher-se nos cantos. E às vezes as cruzes dos postes telefônicos, sobre os terraços, têm algo de sinistro e temos vontade de nos esgueirar junto às paredes, como um gato ou como um ladrão."

De minha parte, troco de bom grado esse resumo, esses comprimidos – que, em meus momentos de excursão pelos novos caminhos da literatura, contento-me em comer como se fossem bombons –, por todo o épico barroco tropical e pela medíocre e liquefeita lírica que ainda prosperam em nossa América.

José Carlos Mariátegui em Lima, 1918.

Nota autobiográfica

Ainda que eu seja um escritor muito pouco autobiográfico, lhe darei algumas informações breves. Nasci em 95[1]. Aos 14 anos comecei como ajudante num jornal. Até 1919 trabalhei no jornalismo, primeiro no *La Prensa*, depois no *El Tiempo* e, finalmente, no *La Razón*. Neste último jornal patrocinamos a reforma universitária. A partir de 1918, nauseado com a política *criolla*, voltei-me resolutamente ao socialismo, rompendo com minhas primeiras experiências de literato contaminado de decadentismo e bizantinismo finisseculares, em pleno apogeu. Do final de 1919 a meados de 1923, viajei pela Europa. Residi mais de dois anos na Itália, onde me casei com uma mulher e algumas idéias. Andei por França, Alemanha, Áustria e outros países. Minha mulher e meu filho me impediram de chegar à Rússia. Da Europa, pus-me de acordo com alguns peruanos para a ação socialista. Meus artigos dessa época mostram essas etapas de minha orientação socialista. Depois de meu retorno ao Peru, em 1923, em reportagens, conferências na Federação dos Estudantes, na Universidade Popular, em artigos e etc., expliquei a situação européia e iniciei meu trabalho de investigação da realidade nacional, de acordo com o método marxista. Em 1924 estive, como já lhe contei, a ponto de perder a vida. Perdi uma perna e fiquei muito fragilizado. Já teria, seguramente, me curado de tudo isso, se levasse uma vida tranqüila. Mas nem minha pobreza nem minha inquietação espiritual o permitem. Não publiquei mais livros além daquele que você conhece. Tenho prontos dois e outros dois em projeto. Esta é a minha vida em

---

[1] Apesar de Mariátegui acreditar ter nascido em 1895, já está mais do que comprovado que ele, em realidade, nasceu em 1894.

poucas palavras. Não creio que valha a pena torná-la pública; mas não posso lhe recusar os dados que você me pede. Ia me esquecendo: sou autodidata. Matriculei-me uma vez em letras, em Lima, mas com o único interesse de seguir o curso de latim de um erudito agostiniano[2]. E na Europa freqüentei alguns cursos livremente, sem nunca, contudo, perder meu caráter extra-universitário e talvez até mesmo antiuniversitário. Em 1925 a Federação de Estudantes propôs meu nome à Universidade como catedrático na matéria de minha competência; mas a má vontade do reitor e, seguramente, meu estado de saúde frustraram essa iniciativa.[3]

---

[2] Tratava-se do espanhol Pedro Martínez Vélez.

[3] Carta com data de 10 de janeiro de 1927, enviada por José Carlos Mariátegui ao escritor Enrique Espinoza (Samuel Glusberg), diretor da revista *La Vida Literária*, editada em Buenos Aires. A carta foi publicada no número de maio de 1930, em homenagem a Mariátegui, que havia morrido recentemente.

Cronologia resumida de José Carlos Mariátegui

1894   No dia 14 de junho, em Moquegua, nasce José Carlos Mariátegui, filho de Maria Amalia La Chira Ballejos (1860-1946) e Javier Francisco Mariátegui y Requejo (1849-1907). O pai, em seguida, irá abandonar a família.

1899   Mariátegui, a mãe e os irmãos Guilhermina e Julio César vão viver em Huacho.

1901   Mariátegui ingressa na escola.

1902   Recebe um golpe no joelho da perna esquerda. É levado para Lima e internado na Maison de Santé. Terá que se tratar por quatro meses e será obrigado a largar os estudos. Fica coxo da perna esquerda.

1907   Perde o pai.

1909   Começa a trabalhar como entregador, ajudante e linotipista do jornal *La Prensa*, de Lima.

1911   Publica o primeiro artigo no jornal *La Prensa*. Começa a utilizar o pseudônimo de Juan Croniquer.

1914   Publica artigos na revista *Mundo Limeño*.

1915   Continua publicando artigos nas revistas *El Turf* e *Lulú*. Escreve, juntamente com Julio Baudoin, a peça teatral *Las tapadas*.

1916   Publica artigos na revista *Colónida*. Torna-se redator-chefe e cronista político do jornal *El Tiempo*. É nomeado co-diretor da revista *El Turf*. Escreve a peça *La mariscala*, um "poema dramático en seis jornadas y un verso", com Abraham Valdelomar.

1917   Ganha um concurso literário promovido pela municipalidade de Lima com a crônica "La procesión tradicional". Participou, junto com outros jornalistas, do "escândalo" da bailarina Norka Rouskaya. Publica o jornal *La Noche*. Começa a estudar latim na Universidade Católica, mesmo tendo sido sempre autodidata e não ter nenhuma formação acadêmica. Eleito vice-presidente do Círculo de Jornalistas.

1918   Renuncia ao pseudônimo de Juan Croniquer. Funda, com César Falcón (1891-

1970) e Félix del Valle (1893-1950), a revista *Nuestra Epoca*, sobre temas políticos. Ajuda a criar o Comitê de Propaganda e Organização Socialista, do qual mais tarde se afasta. Primeiro encontro com Haya de la Torre.

1919   Publica o jornal *La Razón*. Em 8 de outubro, vai viver na Europa. Fica quarenta dias em Paris. Chega em dezembro em Gênova, Itália.

1920   A partir de janeiro, começa a viver em Roma. Viaja naquele mesmo ano para Florença, Gênova e Veneza. Conhece Anna Chiappe, de 17 anos. Começa a enviar artigos novamente para *El Tiempo*.

1921   Casa-se com Anna Chiappe. Passa a lua-de-mel em Frascati. Nasce em 5 de dezembro o filho Sandro. Assiste como jornalista ao XVII Congresso Nacional do Partido Socialista Italiano em Livorno. Viaja a Milão, Turim e Pisa.

1922   Retorna a Gênova para participar como jornalista da Conferência Econômica Internacional. Juntamente com César Falcón, Carlos Roe e Palmiro Machiavello, funda a primeira célula "comunista" peruana. Vai com a esposa e o filho a Munique, Alemanha. Entre junho e julho segue para Paris. Viaja de barco pelo rio Danúbio e passa por Viena e Budapeste. Também vai a Praga, Tchecoslováquia.

1923   Em fevereiro, retorna ao Peru no navio alemão Negada, com a esposa Anna e o filho. Começa a dar palestras nas Universidades Populares González Prada. Também começa a colaborar com as revistas *Variedades* e *Claridad* (desta última será diretor).

1924   Em janeiro é preso durante uma reunião dos editores da revista *Claridad* com alunos e professores universitários. Sua saúde piora. Tem a perna direita amputada. Continua escrevendo para a imprensa peruana.

1925   Funda, com o irmão Julio César, o *Editorial Librería-Imprenta Minerva*. Começa a escrever para a revista *Mundial*. Publica o livro *La escena contemporánea*.

1926   Começa a publicar a revista *Amauta*.

1927   No começo daquele ano, envolve-se numa polêmica com Luis Alberto Sánchez sobre o indigenismo.

1928   Começa sua polêmica com Haya de la Torre. Publica o livro *Sete ensaios de interpretação da realidade peruana*. Funda o jornal *Labor*. Começa a se relacionar com a Secretaria Sindical da Terceira Internacional e envia dois delegados para o Congresso da Internacional, em Moscou, e para o Congresso dos Países Orientais, em Bakú. Funda o Partido Socialista do Peru. Mariátegui é escolhido secretário-geral da organização.

1929   Ajuda a fundar a CGTP (Confederação Geral dos Trabalhadores do Peru).

1930   Sua saúde piora novamente e em março é internado as pressas na Clínica Villarán. Mariátegui morre no dia 16 de abril. No mesmo ano seu partido muda de nome para Partido Comunista do Peru.

Obras do autor

Títulos organizados por José Carlos Mariátegui:

La escena contemporânea. Lima, Editorial Minerva, 1925.

Siete ensayos de interpretación de la realidad peruana. Lima, Editorial Minerva, 1928.

Títulos publicados postumamente na coleção Obras Completas Populares, da Empresa Editora Amauta (Lima):

Tomo I.	*La escena contemporánea*, 1959.
Tomo II.	*Siete ensayos de interpretación de la realidad peruana*, 1943.
Tomo III.	*El alma matinal y otras estaciones del hombre de hoy*, 1950.
Tomo IV.	*La novela de la vida*, 1955.
Tomo V.	*Defensa del marxismo*, 1959.
Tomo VI.	*El artista y la época*, 1959.
Tomo VII.	*Signos y obras*, 1959.
Tomo VIII.	*Historia de la crisis mundial*, 1959.
Tomo IX.	*Poemas a Mariátegui* (este livro não foi escrito por Mariátegui, mas está incluído na coleção), 1959.
Tomo X.	*José Carlos Mariátegui* (escrito por Maria Wiesse), 1945.
Tomo XI.	*Peruanicemos al Perú*, 1970.
Tomo XII.	*Temas de nuestra América*, 1960.
Tomo XIII.	*Ideología y política*, 1969.
Tomo XIV.	*Temas de educación*, 1970.
Tomo XV.	*Cartas de Itália*, 1969.
Tomo XVI.	*Figuras y aspectos de la vida mundial* (volume 1), 1970.
Tomo XVII.	*Figuras y aspectos de la vida mundial* (volume 2), 1970.
Tomo XVIII.	*Figuras y aspectos de la vida mundial* (volume 3), 1970.
Tomo XIX.	*Amauta y su influencia* (escrito por Alberto Tauro), 1960.
Tomo XX.	*Mariátegui y su tiempo* (escrito por Armando Bazán), 1969.
Tomo XXI.	*Escritos juveniles*, 1987.

Textos biográficos

Anatole France (1844-1924) – escritor e crítico francês, filho de um vendedor de livros, estudou no Collège Stanislas, em Paris, e mais tarde na École des Chartes. Na década de 1860, foi assistente do pai, catalogador e editor-assistente em Bacheline-Deflorenne e Lemerre. Também foi professor. Serviu o exército durante a guerra franco-prussiana e assistiu aos eventos da Comuna de Paris. Em 1875, foi convidado a escrever diversos artigos para o *Les Temps*, importante jornal da época, que foram mais tarde publicados entre 1889 e 1892 em quatro volumes intilulados *La vie littéraire*. Entre 1876 e 1890, foi bibliotecário-assistente no Senado. Sua primeira coletânea de poemas, *Les poèmes dorés*, foi publicada em 1879. Em 1888, foi nomeado crítico literário do *Les Temps*. Foi eleito para a Académie Française em 1896 e ganhou o Prêmio Nobel de Literatura em 1921. France, conhecido por seu anticlericalismo, apoiou o Partido Comunista de seu país. Escreveu *Le crime de Sylvestre Bonnard* (1881), *La rôtisserie de la Reine Pédauque* (1893), *Les opinions de M. Jérôme Coignard* (1893) e *La vie en fleur* (1922), entre outros.

Andreiev, Leonid Nikolaievitch (1871-1919) – ingressou na Universidade de São Petersburgo aos 20 anos. Depois de algumas tentativas de suicídio, transferiu-se para a Universidade de Moscou, tornando-se repórter de assuntos policiais. Nessa época publicou suas primeiras histórias em revistas e jornais. Entre seus livros mais famosos estão *O governador* (1905), e *Os sete enforcados* (1908). Também escreveu peças de teatro como *A vida de um homem* (1907), e *Ele, que leva bofetadas* (1916). Apoiou o governo na Primeira Guerra Mundial e fugiu da Rússia depois da revolução. Era antibolchevique. Foi extremamente popular em sua época.

Arguedas, Alcides (1879-1946) – nascido em La Paz (Bolívia), foi um famoso romancista, jornalista, sociólogo, historiador e diplomata. Estudou sociologia em Paris e serviu como diplomata na Inglaterra, na França, na Venezuela e na Colômbia. Foi o principal dirigente do Partido Liberal Boliviano. Escreveu *Pueblo enfermo* (1909), *Raza de bronce* (1919) e *Historia general de Bolivia* (1922), entre outras obras.

Barbusse, Henri (1873-1935) – começou sua carreira literária como neo-simbolista, com seu *Pleureuses* (1895), e seguiu um estilo neonaturalista em *L'enfer* (1908). Lutou na infantaria na Primeira Guerra Mundial e em 1917 foi liberado do exército por causa de seus ferimentos em combates. Seu livro *Le feu, journal d'une escouade* (1916) ganhou o Prêmio Goncourt. Depois da guerra, tornou-se pacifista e militante comunista.

Bernstein, Eduard (1850-1932) – ingressou no Partido Socialdemocrata Alemão em 1871 e editou *Der Sozialdemokrat*, o órgão do partido. Viveu em Zurique, em Londres e na Alemanha. Foi amigo de Engels e participou da Sociedade Fabiana. Seus artigos no *Die Neue Zeit* tinham o intuito de "revisar" os elementos do marxismo que ele considerava datados, dogmáticos ou ambíguos. *Die Voraussetzungen des sozialismus*, é sua obra mais importante. Durante a Primeira Guerra Mundial defendeu um acordo de paz e em 1915 votou contra os créditos de guerra. Em 1917, uniu-se ao USPD. Mais tarde, retornou ao Partido Socialdemocrata e ajudou a escrever seu programa.

Bloch, Jean-Richard (1884-1947) – romancista, ensaísta e dramaturgo socialista francês. Em 1910, começou a editar a revista *L'Effort Libre* e colaborou com a revista *Clarté*. Defendia que a arte deveria associar a tradição democrática com a cultura do proletariado. Durante a Segunda Guerra Mundial, passou a maior parte do tempo na União Soviética. Autor de *Le dernier empereur* (1926), entre outras obras.

Briand, Aristide (1862-1932) – estadista francês e um dos fundadores do jornal *L'Humanité,* foi ministro da Instrução Pública e Cultos e candidato à Presidência da França em 1931. Ganhou o Prêmio Nobel da Paz em 1926.

Calles, Elías Plutarco (1877-1902) – presidente do México entre 1924 e 1928.

Campanella, Tommaso (1568-1639) – filósofo italiano e monge dominicano, defendia a divisão das terras feudais. Foi preso por ser um dos líderes da revolta campo-nesa na Calábria. Em 1623, escreveu *A cidade do sol,* que descreve uma sociedade ideal.

Claudel, Paul (1868-1955) – poeta, dramaturgo e ensaísta francês, foi autor de *Partage de midi* (1906) e *Le soulier de satin* (1929), entre outras obras.

Clemenceau, Georges (1841-1929) – político francês. Apelidado "O Tigre", foi deputado, senador e ministro do Interior. Em 1906 torna-se primeiro-ministro, cargo que ocuparia até 1909 e ao qual seria reconduzido, pelo então presidente Raymond Poincaré, em 1917, exercendo também a função de ministro da Guerra. Teve papel relevante na Conferência de Paz de Paris, ao exigir severas reparações da Alemanha.

D'Annunzio, Gabriele (1863-1938) – nascido em Pescara (Itália), foi poeta, romancista, contista, jornalista e líder político. Publicou seu primeiro poema, "Primo vere", em 1879. Entre seus livros, destacam-se *L'innocente* (1892), *Le vergine delle rocce*

(1896) e *II piacere* (1898). Escreveu também peças de teatro importantes, como *La Gioconda* (1899), *II fuoco* (1900) e *La figlia di brio* (1904). Combateu na Primeira Guerra Mundial e em 1919, juntamente com trezentos homens, ocupou o porto de Fiume, o qual acreditava pertencer à Itália. Governou-o como ditador até dezembro de 1920, quando foi forçado a renunciar a seu mandato. A partir daí, tornou-se defensor do fascismo, mas não exerceu nenhuma grande influência na política de seu país.

Debs, Eugene Victor (1855-1926) – líder socialista. Nascido em Indiana (EUA), trabalhou nas ferrovias desde jovem, tornando-se o primeiro presidente do Sindicato dos Ferroviários Americanos, em 1893. Liderou a Greve de Pullman de 1894, foi preso por seis meses, mas ganhou notoriedade em todo o país. Ajudou a fundar o Partido Socialista em 1901 e a IWW (Industrial Workers of the World) em 1905. Foi várias vezes candidato a presidente dos Estados Unidos. Foi condenado a dez anos de prisão em 1917, falsamente acusado de espionagem, mas foi libertado em 1918. Foi talvez o mais importante dirigente socialista dos Estados Unidos em sua época.

DeLeón, Daniel (1852-1914) – nascido em Curaçao, estudou na Alemanha e depois na Holanda. Ficou na Europa entre 1866 e 1872, e em seguida foi para os Estados Unidos, onde colaborou com exilados cubanos e começou a se envolver na política norte-americana. Formou-se em direito com distinção na Columbia Law School em 1876. Foi membro dos Knights of Labor. Casou-se com Sara Lobo em 1882, com quem teve quatro filhos. Um ano mais tarde, foi convidado para ser palestrante na universidade onde havia se formado. Com a perda da esposa e de três filhos, começou a se radicalizar e a se envolver mais no movimento operário. Ingressou no Partido Socialista Operário em 1890 e em pouco tempo se tornou sua principal liderança, assim como editor do jornal *The People* e criador da Socialist Trade and Labor Alliance. Foi um dos fundadores da IWW. Traduziu para o inglês obras de Marx, Engels, Bebel, Kautsky, assim como dezenove volumes de romances históricos de Eugene Sue e *Franz von Sickingen*, de Ferdinand Lassalle. Em 1892, casou-se novamente, dessa vez com Bertha Canary, com quem teve mais cinco filhos. Escreveu *Two Pages from Roman History* (1902), *The Preamble of the IWW* (1905) e *As to Politics* (1907), entre outras obras. É considerado o primeiro marxista original do continente.

Delteil, Joseph (1894-1978) – escritor francês, é autor de *Joana d'Arc*, entre outros romances.

Dorgelès, Roland (1885-1973) – romancista francês, membro da Academia Goncourt. O livro *Les croix de bois* é considerado sua obra mais importante.

D'Ors, Eugenio (1881-1954) – filósofo e crítico espanhol, autor de *Glosario, La bien plantada, El secreto de la filosofía*, entre outras obras.

Duhamel, Georges (1884-1966) – em 1906 uniu-se a outros escritores para fundar a comunidade de Abbaye, em Créteil-sur-Marne, e tornou-se doutor em medicina em 1909. Serviu como cirurgião na frente de batalha durante a Primeira Guerra Mundial. Tornou-se membro da Académie Française em 1935. Autor de *Vie des martyrs* (1917) e de uma autobiografia em cinco volumes, *Lumières sur ma vie*, entre outras obras.

Éluard, Paul (1895-1952) – pseudônimo de Eugène Grindel. Paul Éluard foi um dos fundadores do movimento surrealista. Em 1919, conheceu André Breton, Philippe Soupault e Louis Aragon, com os quais se associou até 1938, escrevendo poesia. Depois da Guerra Civil espanhola, abandonou o surrealismo e sua obra começou a refletir sua militância política. Ingressou no Partido Comunista Francês em 1942. Escreveu *Capitale de la douleur* (1926), *Les yeux fertiles* (1936) e *Tout dire* (1951), entre outras obras.

Erzeberger, Matthias (1875-1921) – político católico alemão, antimilitarista, fez denúncias contra o alto comando alemão por decisões que considerava equivocadas, durante a Primeira Guerra Mundial.

Foch, Ferdinand (1851-1929) – marechal francês, líder das forças francesas na Primeira Guerra Mundial, autor de *Os princípios da guerra*, *Elogia a Napoleão* e *Memórias para servir à história da Grande Guerra*, entre outras obras.

Frank, Waldo David (1889-1967) – romancista e crítico norte-americano, estudou em Yale. Defendia reformas sociais em seus romances. Seus temas iam desde o racismo até a Revolução Cubana. Escreveu muitos livros, como *City Block* (1922), *Holiday* (1923), *Chalk Face* (1924), *In the American Jungle* (1937), *Birth of a World* (1951) e *The Prophetic Island: a Portrait of Cuba* (1967).

Gallimard, Gaston (1881-1975) – editor francês, estudou direito e literatura na Universidade de Paris e depois voltou-se para o jornalismo. Em 1908, fundou, juntamente com André Gide e Jean Schlumberger, a revista literária *La Nouvelle Revue Française*. Em 1911, criou a editora La Nouvelle Revue Française-Librairie Gallimard, que manteve esse nome até 1919, quando mudou para Librairie Gallimard. Publicou os mais importantes escritores franceses de sua época.

Gandhi, Mohandas Karamchand (1869-1948) – líder pacifista e independentista da Índia, favorável às técnicas da "não-violência", influenciou movimentos de direitos civis em todo o mundo. Mahatma Gandhi, como era chamado, nasceu em Porbandar, atualmente no estado de Gujarat. Formado em direito pela University College, de Londres. Na Inglaterra conheceu socialistas ingleses e fabianos, assim como personalidades como George Bernard Shaw. Recebeu influência das idéias de Henry David Thoreau e do escritor russo Tolstói. Em 1891, Gandhi retornou à Índia, onde tentou, sem sucesso, trabalhar como advogado em Bombaim. Dois anos mais tarde, foi mandado por sua firma para a África do Sul, onde iria trabalhar no escritório de advocacia em Durban. Residiu nesse país por vinte anos, lutando pelos direitos civis e sendo preso diversas vezes. Lá começou a utilizar as técnicas da "não-violência". Organizou um serviço de ambulâncias e comandou uma unidade da Cruz Vermelha durante a Guerra dos Boers. Em 1910, fundou a Fazenda Tolstoi, uma colônia cooperativa para os indianos. Retornou à Índia em 1914, onde começou a se tornar extremamente influente na política local. Em 1920, iniciou uma campanha organizada de não-cooperação com os ingleses: funcionários que trabalhavam para os britânicos renunciaram a seus cargos, cortes de justiça foram boicotadas, crianças deixaram de freqüentar escolas inglesas, as pessoas se recusavam a reagir a agressões físicas, houve boicote a produtos ingleses, utilização de técnicas de produção ancestrais e incentivo ao retorno das indústrias tradicionais indianas, por exemplo. Em 1921, Gandhi ganhou completa autoridade de atuação pelo Congresso Nacional Indiano, o principal grupo que lutava pela independência do país. Foi preso em 1922 e libertado em 1924. Em 1930, proclamou uma nova campanha de desobediência civil, convocando a população a deixar de pagar impostos, principalmente o do sal. Foi preso novamente e solto em 1931. Em 1934, foi substituído no partido do Congresso por Jawaharlal Nehru e começou a viajar por toda a Índia, ensinando ahimsa e exigindo a erradicação da "intocabilidade". Durante a Segunda Guerra Mundial, recusou-se a concordar com a participação de seu país no conflito. Foi preso em 1942 e libertado dois anos mais tarde. Depois da guerra, foi contra a divisão da Índia em dois países. Em 1947 a Índia e o Paquistão se tornaram independentes. Em 1948, Mahatma Gandhi foi assassinado em Nova Delhi por um fanático.

Ghéon, Henri (1875-1944) – dramaturgo e médico francês, abandonou a medicina e o ateísmo na Primeira Guerra Mundial e começou a escrever peças de teatro com temas religiosos. Um dos fundadores do grupo de comediantes Os Companheiros de Notre-Dame. Sua obra é marcada pelo moralismo.

Gide, André-Paul Guillaume (1869-1951) – escritor francês. Ganhou o Prêmio Nobel de Literatura em 1947. Seus livros mais conhecidos são *Les cahiers d'André Walter* (1891), *Le traité du narcisse* (1891), *Le voyage d'Urien* (1893), *La tentative amoureuse* (1893), *L'immoraliste* (1902) e *La porte étroite* (1909), entre outros. Foi co-fundador, em 1908, da *La Nouvelle Revue Française*, uma das mais importantes publicações literárias de seu país.

Giolitti, Giovanni (1842-1928) – político italiano que tentou manter a neutralidade da Itália durante a Primeira Guerra Mundial e presidiu em 1921 o Conselho de Ministros do país.

Girondo, Oliverio (1891-1967) – nasce em Buenos Aires, Argentina. Em 1900 viaja com os pais para Paris e freqüenta, ainda na infância, cursos em diferentes escolas na Inglaterra e na França. Em 1911 cria com Renée Zapata Quesada a revista literária

Comoedia. Em 1915 estréia no teatro Apolo, de Buenos Aires, sua peça *La madrasta*, escrita em colaboração com Zapata Quesada. Viaja por África e Europa em 1918 e em 1919 funda, com o escritor Ricardo Guiraldes e Eva Méndez, o Editorial Proa. Publica seus *Veinte poemas para ser leídos en el tranvía* em 1922, na França, e seu segundo livro, *Calcomanías*, na Espanha, um ano mais tarde. Também é autor de *Espantapájaros* (1932), *Interlunio* (1937) e *En la masmédula* (1953), entre outras obras.

Gompers, Samuel (1850-1924) – nascido na Inglaterra, foi para os Estados Unidos em 1863, tornando-se aprendiz de fabricante de charutos. Entrou para o sindicato dos fabricantes de charutos em 1864 e em 1877 já havia se tornado seu presidente. Em 1886, tornou-se presidente da AFL, sendo reeleito diversas vezes, com exceção de 1895, até o final de sua vida. Gompers aproximou a AFL do Partido Democrata e fundou o Comitê de Guerra sobre o Trabalho, durante a Primeira Guerra Mundial. Ficou conhecido também por suas posições contra os socialistas.

Górki, Máximo (1868-1936) – pseudônimo de Alexey Maksimovich Peshkov, contista e romancista russo. Nascido em Nizhny Novgorod, teve uma infância sofrida e pobre, sendo espancado constantemente por seus patrões e muitas vezes chegando a passar a fome. Por causa de sua vida dura, criou o pseudônimo Gorki, ou "amargo". Tentou o suicídio na juventude. Aos 21 anos de idade, tornou-se um vagabundo, viajou por várias cidades da Rússia e realizou diversos trabalhos diferentes. Começou a fazer sucesso após a publicação de *Chelkash* (1895). Seu primeiro romance foi *Foma gordeyev* (1899). Também escreveu várias peças de teatro. Entre 1899 e 1906, viveu em São Petersburgo, onde se tornou marxista. Foi preso em 1901, por causa de seu poema "Pesnya o Burevestnike". Ao ser libertado, foi para a Criméia, onde contraiu tuberculose. Deixou a Rússia em 1906 e passou sete anos no exílio, principalmente na ilha de Capri. Retornou à Rússia em 1913 e se opôs à participação do país na Primeira Guerra Mundial. Também fez crítica aos bolcheviques, quando estes tomaram o poder em 1917, assim como criticou os métodos de Lenin no periódico *Novaya Zhizn*, sendo obrigado a deixar suas críticas de lado por ordens do próprio líder da revolução russa. A partir de 1919, começou a cooperar com o governo revolucionário. Morou na Itália entre 1921 e 1928 e depois novamente retornou a seu país. Tornou-se o primeiro presidente do Sindicato dos Escritores Soviéticos. Seus trabalhos mais conhecidos no período soviético foram *Lev Tolstoy* (1919) e *O Pisatelyakh* (1928).

Haig, Douglas (1861-1928) – general e estrategista militar inglês, um dos responsáveis pela vitória de seu país nos campos de batalha na Primeira Guerra Mundial.

Harding, Warreb Gamaliel (1865-1923) – membro do Partido Republicano e 29º presidente dos Estados Unidos, foi editor do jornal *Star,* em Marion, Ohio, senador estadual entre 1899 e 1903, governador de Ohio entre 1903 e 1905 e senador federal entre 1915 e 1921. Nas eleições de 1920, Harding teve uma das maiores votações populares da história dos Estados Unidos até então, conseguindo 16.152.200 votos. James M. Cox (1870-1957), na ocasião, conseguiu 9.147.353 votos, ou 35% do total. Harding foi presidente entre 1921 e 1923. Seu governo foi marcado por diversos casos de corrupção.

Hauptmann, Gerhart Johann Robert (1862-1946) – talvez o mais proeminente dramaturgo alemão do início do século XX e ganhador no Prêmio Nobel de Literatura de 1912. Foi um dos principais autores naturalistas de seu país, mas abandonou o estilo mais tarde, utilizando em suas peças teatrais elementos místicos, religiosos, mitológicos e simbolistas. Também escreveu contos e romances. Foi autor de *Antes do amanhecer* (1889), *A chegada da paz* (1890) e *Vidas solitárias* (1891), entre outras obras.

Hilferding, Rudolf (1877-1941) – economista marxista austríaco, foi professor na escola de quadros do Partido Socialdemocrata Alemão e editor do jornal *Vorwarts,* entre 1907 e 1915. Em 1923, e depois entre 1928 e 1929, foi ministro das Finanças da República de Weimar. Exilou-se em 1933 e foi assassinado em 1941. Foi uma destacada figura do austromarxismo e importante personalidade da Segunda Internacional. Era considerado um reformista. Escreveu *O capital financeiro,* em 1910, seu livro mais conhecido.

Hoover, Herbert Clark (1874-1964) – foi o 31º presidente dos Estados Unidos, entre 1929 e 1933. Formado pela Universidade de Stanford. Trabalhou numa mina de ouro quando jovem e depois se tornou engenheiro de minas na Austrália e na China. Ficou rico nas minas da Birmânia. Durante sua carreira política, apoiou a criação da Liga das Nações. Foi secretário de Comércio entre 1921 e 1928. Criou a Reconstruction Finance Corporation. Deixou o governo com pouca popularidade.

Ibsen, Henrik Johan (1828-1906) – dramaturgo norueguês, autor de peças teatrais como *Catilina* (1850), *Brand* (1866), *Peer Gynt* (1867), *Os pilares da sociedade* (1877), *Uma casa de bonecas* (1879) e *Um inimigo do povo* (1882), entre várias outras.

Ingenieros, José (1877-1925) – nascido em Palermo, Itália, foi um dos mais importantes intelectuais da Argentina no início do século XX. Estudou medicina, especializando-se em psiquiatria e criminologia. Sua tese *La simulación de la locura* foi premiada pela Academia de Medicina de Paris e ganhou a Medalha de Ouro da Academia Nacional de Medicina de Buenos Aires. Em 1904, assumiu a suplência da Cátedra de Psicologia Experimental da Faculdade de Filosofia e Letras e, em 1908, fundou a Sociedade de Psicologia. Seus *Principios de psicología* representariam o primeiro sistema de ensino completo dessa matéria na Argentina. Publicou obras importantes, como *La sociología argentina* e *La evolución de las ideas argentinas*. Editou a coleção *La cultura argentina*, assim como foi o fundador da *Revista de Filosofía*. Foi psiquiatra, criminologista, sociólogo e filósofo, e suas idéias tiveram enorme repercussão e influência em todo o continente.

Jaurès, Jean (1859-1914) – proveniente de uma família francesa de classe média, foi professor universitário, escritor e político. Como historiador, escreveu um longo trabalho sobre a Revolução Francesa. Embora tenha preparado um estudo sobre reformas no exército, era famoso por suas idéias pacifistas. Foi assassinado por um fanático nacionalista francês antes da guerra.

Jefferson, Thomas (1743-1826) – nascido no estado da Virgínia (EUA), começou sua carreira de advogado na década de 1860, sendo eleito para a Câmara dos Cidadãos da Virgínia em 1768. Foi o autor de *Resumo dos direitos da América britânica* (1774), *Declaração sobre os motivos e a necessidade de pegar em armas* (1775), *Declaração de independência dos Estados Unidos* (1776) e *Resolução de Kentucky* (1798). Entre 1776 e 1779, foi deputado na Assembléia da Virgínia; em 1779, foi nomeado governador da Virgínia; entre 1785 e 1789, foi embaixador na França; em 1790, foi nomeado secretário de Estado; em 1796, foi eleito vice-presidente dos Estados Unidos. Em 1801, tornou-se o presidente do país e em 1804 foi reeleito para o cargo. Deixou a política de vez em 1809. Foi um dos principais fundadores da Universidade da Virgínia, da qual foi seu primeiro e mais importante reitor.

Kautsky, Karl (1854-1938) – estudou história, economia e filosofia na Universidade de Viena. Em 1875, entrou para o Partido Socialdemocrata Austríaco. Entre 1885 e 1890, viveu em Londres. Mais tarde, foi para a Alemanha, onde se tornou o principal teórico do Partido Socialdemocrata, ajudando a escrever o programa de Erfurt, de 1891. Ficou no partido até 1917, quando ingressou no Partido Socialdemocrata Independente, retornando ao antigo partido em 1922, sem contudo ter a mesma influência de antes. Foi para Praga em 1934 e mais tarde para Amsterdã, onde morou até o fim da vida. Foi um dos principais teóricos marxistas da Segunda Internacional. Editou o jornal *Die Neue Zeit* e colaborou com Engels. Ajudou a popularizar o marxismo. Autor de *A questão agrária* (1899) e *O caminho do poder* (1909), entre outras obras.

Keynes, John Maynard (1883-1946) – economista inglês e pioneiro da macroeconomia, estudou na Universidade de Cambridge, onde mais tarde lecionou. Em 1911, foi redator do *Economic Journal*, tornando-se, alguns anos depois, secretário e redator da Sociedade Real de Economia. Em 1919, foi o representante financeiro do Tesouro britânico na Conferência de Paz em Paris. Em 1944, foi o representante inglês na Conferência de Bretton Woods, que deu origem ao Fundo Monetário Internacional. Em 1946, foi escolhido presidente daquela instituição. Autor de *Treatise on Money* (1930) e *The General Theory of Employment, Interest and Money* (1936), seu livro mais importante.

Kropotkin, Piotr Alekseievitch (1842-1921) – aristocrata anarquista russo.

Larbaud, Valéry (1881-1957) – romancista e crítico francês, autor de *Fermina Marquez* (1911), *Enfantines* (1918) e *Amants, heureux amants* (1923), entre outras obras.

Lassalle, Ferdinand (1825-1864) – importante figura do movimento operário alemão na segunda metade do século XIX, foi um "jovem hegeliano" e autor de textos populares entre os trabalhadores de seu país. Em 1863, ajudou a organizar o primeiro partido socialista alemão e manteve durante muito tempo contato com Marx e Engels, que não concordavam com suas idéias e táticas. Os dois teóricos consideravam Lassalle uma figura vaidosa, com um estilo de vida desregrado e um discurso demagógico. Lassalle retirou seu apoio aos liberais, negociou com Bismarck, tentando conseguir para a classe operária o sufrágio universal, um Estado mais democrático e transformar o Estado em uma entidade que promovesse de fato as mudanças sociais, fornecendo crédito às cooperativas de trabalhadores, que aos poucos construiriam a base do socialismo. Perdeu a vida num duelo.

Lincoln, Abraham (1809-1865) – um dos principais líderes políticos dos estados do Norte na Guerra Civil norte-americana, foi presidente dos Estados Unidos de 1861 a 1865.

Lloyd George, David (1863-1945) – político e advogado britânico, membro do Partido Liberal. Eleito para o Parlamento em 1890, ficou conhecido por seu radicalismo e antiimperialismo. Em 1905, foi nomeado presidente da Junta de Comércio e, em 1908, tornou-se ministro das Finanças, durante o governo de Herbert Asquith. Em 1915, foi nomeado ministro das Munições e, em 1916, ocupou o posto de ministro da Guerra. Em dezembro desse ano, tornou-se primeiro-ministro, liderando a Inglaterra até o final da Primeira Guerra Mundial. Depois do conflito, foi o principal delegado britânico na Conferência de Paris que elaborou o Tratado de Versalhes. Renunciou como primeiro-ministro em 1922. Publicou *War Memoirs*, entre 1933 e 1936, e *The Truth about the Peace Treaties*, em 1938, entre outras obras. Foi convidado por Churchill para fazer parte do Gabinete de Guerra em 1940, mas recusou. Recebeu o título de conde Lloyd George of Dwyfor no final da vida.

Ludendorff, Erich (1865-1937) – importante general alemão durante a Primeira Guerra Mundial.

Mac Orlan, Pierre (1882-1970) – escritor francês, eleito membro da Academia Goncourt em 1950. Autor de romances de aventuras como *A bandeira*, *Verdun* e *Montmartre*, entre outros.

Maiakovski, Vladimir Vladimirovitch (1893-1930) – nascido em Bagdadi, Georgia, foi um dos mais importantes poetas do início da revolução russa. Foi preso diversas vezes por atividades subversivas antes da revolução. Começou a escrever em 1909 e em 1912 foi um dos autores do manifesto *Poshchochina obshchestvennomu vkusu* (Um tapa na cara do gosto público). Entre 1914 e 1916 escreveu "A nuvem de calças" e "A flauta vértebra", dois importantes poemas. Apoiou os bolcheviques e publicou poemas como "Ode a revolução" (1918) e "Marcha à esquerda" (1919), que foram extremamente populares. Depois de 1925, viajou pela Europa e para Estados Unidos, México e Cuba. Também escreveu diversas peças teatrais. Suicidou-se em Moscou em 1930. É considerado o principal poeta de sua geração.

Marof, Tristán (1896-1979) – pseudônimo de Gustavo Adolfo Navarro, escritor, diplomata e político boliviano, nascido em Sucre. Marof foi o fundador em 1934 do POR (Partido Obrero Revolucionario), em Córdoba, Argentina, juntamente com Guillermo Lora e José Aguirre Gainsborg. Era considerado um marxista heterodoxo, com um caráter mais "indigenista" do que proletário, procurando nas tradições coletivistas incaicas sua inspiração. Em 1938, fundou o PSOB (Partido Socialista Operário Boliviano). É autor de *El ingenuo continente americano, La justicia del inca, Wall Street y hambre, La verdad socialista en Bolivia, El juramento* e *México de frente y de perfil*, entre outras obras.

Mauriac, François (1885-1970) – romancista, ensaísta, poeta, dramaturgo e jornalista francês, foi eleito para a Académie Française em 1933 e ganhou o Prêmio Nobel de Literatura de 1952. Autor de *Les mains jointes* (1909), *La robe prétexte* (1914), *Le baiser au lépreux* (1922), *Le noeud de vipères* (1932), *Le mystère frontenac* (1933), *Les chemins de la mer* (1939) e *De Gaulle* (1964), entre outras obras.

Merechkovski, Dmitri Sergueievitch (1865-1941) – poeta, romancista e crítico russo. Autor de *Tolstoy e Dostoiévsky* (1901-1902), *Gogol e o demônio* (1906) e *O nascimento dos deuses* (1924-1925), entre outras obras.

Montherlant, Henry de (1896-1972) – romancista e dramaturgo, proveniente de uma família de origem nobre catalã, foi eleito para a Académie Française em 1960. Publicou *La relève du matin* (1920), *Les bestiaires* (1926), *Le démon du bien* (1937) e *Les lépreuses* (1939), entre outros.

Morand, Paul (1888-1976) – romancista francês, serviu como diplomata na Inglaterra, na Itália, em Sião e na Espanha. Ingressou na Académie Française em 1968. Autor de *Ouvert la nuit* (1922), *Fermé la nuit* (1923) e *L'homme pressé* (1941), entre outras obras.

Mussolini, Benito (1883-1945) – político italiano, divulgador e defensor do fascismo na Itália, nascido em Predappio, localidade perto de Forli, na Romagna. Emigrou para a Suíça em 1902, mas, sem emprego, foi preso por vagabundagem e depois expulso do país, retornando à Itália para fazer o serviço militar. Tornou-se, alguns anos mais tarde, editor do jornal *La Lotta di Classe,* influenciado pelas idéias marxistas, assim como por pensadores como Nietzsche, Auguste Blanqui e Georges Sorel. Em 1910, ocupou o cargo de secretário local do Partido Socialista em Forli. Inicialmente defensor de idéias pacifistas, foi preso por fazer propaganda quando a Itália declarou guerra à Turquia. Foi contra a participação da Itália na Primeira Guerra Mundial. Em novembro de 1914, fundou um novo jornal, *Il Popolo d'Italia,* e o grupo Fasci d'Azione Rivoluzionaria, e, em março de 1919, os Fasci de Combattimento. Subiu ao poder em 1922, reorganizou o país através de propaganda, novas leis, centralização do poder, absorção de sindicatos pelo governo, vigilância e perseguição aos opositores do regime, controle da indústria e de gastos em obras públicas e agressões militares. Aliou-se à Alemanha nazista durante a Segunda Guerra Mundial. Foi executado em abril de 1945.

Nansen, Fridtjof (1861-1930) – explorador, oceanógrafo e estadista norueguês. Seus relatos de muitas expedições no Ártico e no Atlântico Norte são considerados clássicos da literatura norueguesa. Em 1888, organizou uma expedição de seis homens para cruzar a Groenlândia, onde estudou a cultura esquimó. Em 1893, realizou estudos sobre a corrente polar perto da Sibéria, através do oceano Ártico, até chegar à mais longínqua latitude já atingida até então pelo homem. Durante a Primeira Guerra Mundial, concentrou-se em atividades humanitárias e diplomáticas. Foi o ganhador do Prêmio Nobel da Paz em 1922. Autor de *Vida de esquimó* (1891), *Mais ao norte* (1897) e *Brumas do norte* (1911), uma análise crítica das explorações às regiões do norte do planeta ao longo dos séculos.

Nitti, Francesco (1868-1953) – político liberal italiano, foi um dos responsáveis por tirar a Itália de uma grave crise econômica depois da Primeira Guerra Mundial.

Obregón, Álvaro (1880-1928) – político e líder militar mexicano. Nasceu perto de Los Álamos, estado de Sonora. Quando jovem trabalhou como barbeiro, pintor, professor, vendedor e produtor de *garbanzo.* Entrou na política em 1910, no início da revolução. Em 1911, foi eleito prefeito de Huatabampo. Apoiou o presidente Francisco Madero e enfrentou um levante armado dirigido por Pascual Orozco. Após o assassinato de Madero, ficou do lado de Venustiano Carranza na luta contra Adolfo de la Huerta. Num combate contra Pancho Villa, em 1915, perdeu o braço direito. Foi nomeado ministro da Guerra em 1916, cargo que manteve até 1917. Lutou contra Carranza, que foi assassinado alguns anos mais tarde. Tornou-se presidente em 1920 e iniciou diversas reformas trabalhistas, agrárias e educacionais. Incentivou investimentos estrangeiros e empresas privadas nacionais. Distribuiu quase dez vezes mais terras aos camponeses que Carranza. Nomeou o escritor e filósofo José Vasconcelos como ministro da Educação e revolucionou o sistema de publicações, a pintura muralista e as artes em geral no país. Obregón teve de combater uma revolta liderada por Adolfo de la Huerta durante seu governo e saiu vitorioso principalmente pelo apoio que recebeu dos trabalhadores urbanos e camponeses. Durante o governo de Plutarco Elias Calles não atuou ativamente na política. Em 1928 foi eleito novamente presidente, mas foi assassinado por um fanático religioso antes de tomar posse no cargo.

Ortega y Gasset, José (1883-1955) – nascido em Madri, estudou na Universidade de Madri e na Alemanha, onde foi influenciado pela escola filosófica neokantista. Acabou se afastando dessa influência posteriormente. Entre 1936 e 1945, viveu em outros países da Europa e na Argentina, voltando à Espanha depois da Segunda Guerra Mundial. Em 1948, fundou o Instituto de Humanidades em Madri. Seus livros mais conhecidos são *Adán en el paraíso* (1910), *Meditaciones de Quijote* (1914), *El tema de nuestro tiempo* (1923), *España invertebrada* (1922) e *La rebelión de las masas* (1929), entre outros.

Palacios, Alfredo (1880-1965) – político e escritor argentino, autor de *La fatiga y sus proyecciones sociales*, *El nuevo derecho* e *Estadistas y poetas*, entre outras obras.

Pershing, John Joseph (1860-1948) – general norte-americano que lutou contra os índios apaches, participando também da guerra hispano-americana. Foi o responsável pelas tropas que perseguiram Pancho Villa no México, sem sucesso. Foi o líder das tropas dos Estados Unidos na Primeira Guerra Mundial.

Philippe, Charles-Louis (1874-1909) – romancista francês que se preocupava em retratar os sofrimentos dos pobres. Autor de *Bubu de Montparnasse* (1901) e *Le Père Perdrix* (1902), entre outros.

Pirandello, Luigi (1867-1936) – dramaturgo, contista, poeta e romancista italiano, escreveu *Mal giocondo* (1889), *Amori senza amore* (1894), *L'esclusa* (1901) e *Il turno* (1902). Começou a fazer sucesso com seu livro *Il fu Mattia Pascal* (1904), seguido de outras obras, como *Uno, nessuno e centomila* e *L'umorismo*. Em 1898 havia estreado como dramaturgo com *L'epilogo*, e voltou a escrever peças a partir de 1910, com *La morsa*. Sua peça mais famosa é *Sei personaggi in cerca d'autore* (1921). Escreveu também *Tutto per bene* (1920), *Vestire gli ignudi* (1923) e *Questa sera si recita a soggetto* (1930).

Platão – nasceu em Atenas, cerca de 428 a. C., e viveu até cerca de 347 a. C. Filho de uma proeminente família ateniense, após a execução de Sócrates refugiou-se em Megara. Passou alguns anos viajando por Grécia, Egito e península itálica. Em torno de 387 a. C., fundou a Academia de Atenas, com o intuito de construir um instituto que pudesse desenvolver um trabalho sistemático de estudos filosóficos e científicos. Mais tarde, foi tutor de Dionísio II, voltando em seguida para a Academia. Escreveu textos clássicos, como *Euthynphro, Apologia, Crito, Phaedo, Cratylus, Theaethetus, Sofista, Simpósio, A república*, entre outras obras.

Ponce, Aníbal (1890-1938) – escritor marxista argentino, foi um dos editores da

Revista de Filosofía e fundador da revista *Dialéctica*. Publicou *Educación y lucha de clases, Ambición y angustia de los adolescentes, De Erasmo a Romain Rolland* e *Sarmiento*, entre outras obras.

Preobrajensky, Evgeny Alexeyevich (1886-1937) – entrou para o Partido Social Democrata Russo aos dezessete anos, sendo eleito em 1920 como membro permanente do Comitê Central. De 1923 a 1927, foi um dos principais teóricos econômicos do partido, defendendo maior ênfase na industrialização e associando os problemas econômicos do país à burocratização do partido na época de Stálin. Mais tarde, tentou uma reconciliação com o ditador. Foi expulso e readmitido no partido, expulso novamente em 1931, readmitido em 1932 e depois preso em 1935 e executado em 1937.

Prévost, Marcel (1862-1941) – romancista francês, foi engenheiro civil, cargo a que renunciou após fazer sucesso com seus dois primeiros livros, *Le scorpion* (1887) e *Chonchette* (1888). Foi eleito para a Académie Française em 1909 e teve muitas de suas histórias adaptadas para o teatro. Foi autor de mais de cinqüenta livros.

Proust, Marcel (1871-1922) – romancista francês, estudou no Lycée Condorcet e na École de Sciences Politiques. Escreveu *Les plaisirs et les jours* e *À la recherche du temps perdu,* sua obra mais importante.

Ramón y Cajal, Santiago (1852-1934) – escritor e médico espanhol, ganhador do Prêmio Nobel de Medicina e Fisiologia em 1906. Autor de *Elementos de histologia normal y de técnica micrográfica,* entre outras obras.

Reed, John (1887-1920) – nascido em Portland, Oregon, formou-se em jornalismo na Universidade de Harvard e em 1911 foi viver em Nova York, onde escreveu para diversas publicações. Esteve como jornalista no México, na Europa ocidental, na Europa oriental e na Rússia durante a Primeira Guerra Mundial. Presenciou os eventos da revolução russa e se tornou amigo de revolucionários como Lenin e Trotsky. Foi um dos fundadores do Partido Comunista Operário e membro do Comitê Executivo da Terceira Internacional. Autor de vários livros importantes, como *México rebelde* (1914) e *Os dez dias que abalaram o mundo* (1919), entre outros.

Rivière, Jacques (1886-1925) – escritor, crítico e editor francês. Um dos fundadores da *Nouvelle Revue Française* e seu editor de 1919 a 1925. Autor de *Études* (1912) e *Aimée* (1922), entre outras obras.

Ruskin, John (1819-1900) – escritor e crítico inglês, defensor do renascimento do movimento gótico na arquitetura e nas artes decorativas na Inglaterra. Estudou em Christ Church, Oxford, onde se formou em 1842. Ganhador do Prêmio Newdigate de poesia em 1839. O primeiro volume do livro *The stones of Venice* foi publicado em

1851. Deu aulas na Universidade de Oxford, a partir de 1869, até se demitir em 1879. É autor da autobiografia *Praeterita*, entre outras obras.

Shaw, George Bernard (1856-1950) – dramaturgo, crítico literário e propagandista socialista irlandês. Ganhou o Prêmio Nobel de Literatura em 1925. Durante a década de 1880, Shaw tentou, sem sucesso, seguir uma carreira literária em Londres, mas suas obras não tinham êxito. Nesse período, tornou-se um orador público polemista e aderiu ao socialismo. Foi também influente dentro da Sociedade Fabiana. Começou a fazer sucesso principalmente a partir do final dos anos 1890, quando colaborou no *The Saturday Review* como crítico teatral. Escreveu muitas peças, como *Arms and the Man* (1898), *Candida* (1898), *The Man of Destiny* (1898), *You Never Can Tell* (1898), *Three Plays for Puritans* (1901), *The Devil's Disciple* (1901), *Caesar and Cleopatra* (1901), *Captain Brassbound's Conversion* (1901), *Man and Superman* (1903), *John Bull's Other Island* (1907), *Major Barbara* (1907), *The Doctor's Dilemma* (1911), *Pygmalion* (1914), *Androcles and the Lion* (1916), *Heartbreak House* (1919), *Back to Methuselah* (1921) e *Saint Joan* (1924), entre outras.

Sorel, Georges (1847-1922) – nascido em Cherbourg (França), estudou na École Polytechnique em Paris e até os 45 anos de idade trabalhou como engenheiro. Começou a escrever em 1886 e só começou a se dedicar ao marxismo a partir de 1893. Foi o responsável por uma reformulação e reinterpretação original do marxismo, colocando ênfase em aspectos morais da doutrina. Para ele, os temas fundamentais do marxismo deveriam ser vistos como "mitos", imagens que inspirassem a classe trabalhadora a agir. O mito mais importante seria a greve geral. Seria pela ação e pela violência que os trabalhadores simultaneamente desenvolveriam uma ética de grandeza, destruiriam a burguesia e construiriam as fundações morais do socialismo. Era a favor do sindicalismo. Autor de *Reflexões sobre a violência* (1906), entre outras obras.

Spengler, Oswald (1880-1936) – filósofo alemão, autor de *A decadência do Ocidente*, seu livro mais conhecido.

Sun Yat Sen (1866-1925) – líder revolucionário chinês, de origem camponesa, nasceu na vila de Cuiheng, atualmente localizada na cidade de Nanlang, na província de Guangdong, no sul do país. Quando criança, estudou em sua cidade natal e no início da adolescência foi viver com o irmão mais velho em Honolulu, no Havaí, onde estudou na Iolani School, entre 1879 e 1882, e no Diocesan Boys' School, em 1883. De 1884 a 1886 cursou o Queen's College em Hong Kong. Obteve uma licença para trabalhar como médico pela Hong Kong College of Medicine em 1892. Foi influenciado pelos missionários cristãos norte-americanos no Havaí, assim como pelas idéias de Alexander Hamilton, Abraham Lincoln, Karl Marx e Henry George. Em outubro de 1894, fundou a Sociedade Xing Zhong e, um ano mais tarde, após uma fracassada tentativa de golpe em seu país, exilou-se na Europa, Estados Unidos, Canadá e Japão pelos dezesseis anos seguintes, levantando dinheiro para a luta revolucionária. Retornou à China em 1911 e, em 1912, foi escolhido como o primeiro presidente provisório do país. Foi um dos fundadores do Kuomintang. Foi para o Japão em 1913 e voltou à China em 1917. Em 1921 foi eleito presidente do autoproclamado governo nacional em Guangzhou, sul do país. Criou a Academia Militar de Whampoa. A partir de 1924, trabalhou em estreita colaboração com os comunistas chineses e aceitou o apoio da União Soviética para reorganizar o Kuomintang, seu partido político. Foi autor de *O problema vital da China*, *O desenvolvimento internacional da China*, *Memórias de um revolucionário chinês* e *Fundamentos da reconstrução nacional*, entre outros textos.

Tagore, Rabindranath (1861-1941) – poeta e místico indiano, ganhador do Prêmio Nobel de Literatura de 1913, era filho de um maharishi (líder espiritual) e autor de diversos livros importantes, como *Manasi* (1890), *Sonar tari* (O barco dourado) (1893), *Citra* (1896), *Kalpana* (Sonhos) (1900) e *Ksanika* (1900), entre outros. A partir de 1901, foi administrar as propriedades de seu pai em Shilaidah e Saiyadpur, onde viveu em contato com o povo humilde do campo. Era considerado um grande poeta. Também era compositor e sua canção, "Our Golden Benghal", se tornou posteriormente o Hino Nacional de Bangladesh. Muitos achavam que ele era um dos maiores pintores indianos de seu tempo.

Tardieu, André (1876-1945) – escritor, jornalista e político francês, presidente do Conselho de Ministros da França, foi um grande partidário de Clemenceau. Autor de *A paz* e *A hora da decisão*, entre outras obras.

Tchitcherin, Georgi Vassilievitch (1872-1936) – diplomata soviético, foi comissário do povo dos Negócios Estrangeiros entre 1918 e 1930 e chefe da delegação soviética nas conferências internacionais de Gênova e de Lausanne. Uma das principais figuras do governo soviético.

Tilgher, Adriano (1887-1941) – filósofo e crítico italiano, defensor de Pirandello e autor de *Relativismo contemporâneo*, entre outras obras.

Tolstói, Leo (1828-1910) – estudou na Universidade de Kazan, abandonando a instituição para ir viver em sua casa em Yasnaya Polyana. Entrou no exército em 1852 e em 1857 viajou para França, Suíça e Alemanha. Quando voltou de suas viagens, fundou uma escola para crianças em Yasnaya. Casou-se em 1862. Apesar de ter uma origem nobre e ser dono de terras, tinha uma vida simples e ascética. Era pacifista. Ficou mais conhecido como escritor e publicou contos e romances importantes. Foi autor de clássicos da literatura universal, como *Os cossacos* (1863), *Guerra e paz* (1865-1869), *Anna Karenina* (1875-1877) e *A confissão* (1884), entre outras obras.

Torre, Guillermo de la (1900-1971) – crítico literário e ensaísta espanhol, autor de *Manifesto ultraísta vertical, Literaturas europeas de vanguardia, Valoración literaria del existencialismo* e *Problemática de la literatura*, entre outras obras.

Trotsky, Leon (1879-1940) – pseudônimo de Lyov Davidovich Bronstein, nascido na Ucrânia, membro do Partido Operário Socialdemocrata Russo, inicialmente um menchevique e mais tarde bolchevique, importante líder da Revolução de Outubro, Comissário do Povo para Relações Internacionais em 1918, Comissário do Povo para Assuntos Militares e Navais entre 1918 e 1925, fundador do Exército Vermelho e teórico marxista. Enquanto Stálin defendia a idéia do "socialismo em um só país", Trotsky era favorável à teoria da "revolução permanente". Fez duras críticas à burocracia soviética e à forma como a Terceira Internacional estava se desenvolvendo. Durante a disputa pelo poder, foi expulso da Rússia em 1929 por Stálin. Fundador da Quarta Internacional. Foi assassinado no exílio, no México, por um agente stalinista. É autor de vários trabalhos, como, a *História da revolução russa, A revolução traída e A revolução permanente*, entre outros.

Turati, Filippo (1857-1932) – socialista reformista, fundador e colaborador da *Critica Sociale* e um dos fundadores do Partido Socialista Italiano. Durante o regime fascista, foi para a França, onde se exilou.

Valéry, Paul (1871-1945) – poeta, ensaísta e crítico francês, estudou direito em Montpellier. Foi eleito para a Académie Française em 1925; foi diretor administrativo do Centre Universitaire Méditerranéen em Nice, em 1933; foi professor de poesia, cadeira criada especialmente para ele no Collège de France, em 1937. Escreveu *La jeune parque* (1917), entre outras obras.

Vandervelde, Émile (1866-)1938) – socialista belga, membro do Comitê Executivo da Internacional Socialista, foi ministro de Estado e representante da Bélgica na Conferência de Paz de 1925. Foi autor de *A questão agrária na Bélgica*, entre outras obras.

Vasconcelos, José (1882-1959) – político, ensaísta e filósofo mexicano, formou-se em direito em 1907. Nomeado ministro da Educação, exerceu a função entre 1920 e 1924, quando realizou enormes reformas no sistema de ensino do país. Em 1929, foi candidato à Presidência do México, sem sucesso. Foi autor de *La raza cósmica* (1925), *Indología* (1929), *Bolivarismo y monroísmo* (1934) e *Todología* (1952), entre outras obras.

Washington, George (1732-1799) – nascido na Virgínia (EUA), foi o comandante--em-chefe das forças continentais e um dos principais líderes da Guerra de Independência, obrigando o general Cornawallis a se render em Yorktown, em 1781. Foi também um rico dono de terras e empreendedor. Em 1789, tornou-se o primeiro presidente dos Estados Unidos.

Wells, Herbert George ou **Wells, H. G.** (1866-1946) – romancista, jornalista, sociólogo e historiador inglês. Formado pela Normal School of Science, de Londres, suas principais obras são: *The Time Machine* (1895), *The Invisible Man* (1897) e *The War of the Worlds* (1898). Era membro da Sociedade Fabiana. Escreveu também *Anticipations* (1901), *The New Machiavelli* (1911), *Mr. Britling Sees it Through* (1916) e *Mind at the End of its Tether* (1945), entre outras obras.

Wilson, Thomas Woodrow (1856-1924) – foi o 28º presidente dos Estados Unidos, entre 1913 e 1921. Criado no estado da Geórgia, estudou no Davidson College, no Tennessee, completando seus estudos em Princeton. Trabalhou como advogado e conseguiu seu PhD em Ciência Política pela Johns Hopkins. Lecionou nas universidades Bryn Mawr, Johns Hopkins e Princeton. Em 1902, tornou-se reitor de Princeton. Em 1910 ganhou as eleições para governador de Nova Jersey. Foi eleito presidente em 1912 e ficou no poder de 1913 a 1921. Criou a Comissão de Relações Industriais, o Federal Reserve System e a Comissão Federal de Comércio. Também apoiou a intervenção de tropas de seu país no México, durante o período revolucionário. Ficou famoso inicialmente por sua posição isolacionista na Primeira Guerra Mundial e, depois, por seus Quatorze Pontos, elaborados para criar as condições de uma "paz justa" depois da guerra. Teve de desistir de vários "pontos" após a Conferência de Paris, da qual participou.

Zinoviev, Grigori Ieseievitch (1883-1936) – entrou para o movimento da social-democracia russa em 1901 e depois do II Congresso do POSDR se tornou bolchevique. Importante líder da Revolução de Outubro. Em 1925, ajudou a organizar a "nova oposição". Em 1934 foi expulso do partido e, em 1936, foi assassinado por ordens de Stálin, assim como muitos outros líderes da revolução.

Zola, Émile-Édouard Charles-Antoine (1840-1902) – romancista e crítico francês, um dos fundadores do movimento naturalista na literatura. Como não conseguiu passar em seu exame no *baccalauréat*, passou dois anos procurando emprego, até começar a trabalhar num cargo burocrático numa empresa de transporte marítimo. Em 1862, conseguiu emprego no departamento de vendas da editora de Louis Christophe François Hachette. Seu primeiro livro foi *Contes à Ninon*, de 1864, que foi seguido por *La confession de Claude*, de 1865. Foi autor de livros famosos, como *Thérèse Raquin* (1867), *La fortune des Rougon* (1871), *L'assommoir* (1877), *Nana* (1880), *Germinal* (1885), *L'ouvre* (1886) e *La bête humaine* (1890). Teve uma participação ativa no caso Dreyfus, escrevendo *J'accuse*, uma carta denunciando o aparato militar francês. Nunca foi eleito para a Académie Française, mesmo tendo sido indicado diversas vezes para se tornar um de seus membros.

Esta obra foi composta em AGaramond, corpo 11,
títulos em Trajan e impressa em papel Avena
80 g /m² pela gráfica Forma Certa, para
a Boitempo, em fevereiro de 2025, com tiragem
de 100 exemplares.